启功与笔工

李兆志　李日强　著

文物出版社

图书在版编目（CIP）数据

启功与笔工／李兆志、李日强著．一北京：文物出版社，
2010.8（2020.1 重印）

ISBN 978－7－5010－2793－4

Ⅰ．启…　Ⅱ．李…　Ⅲ.①启功（1912～2005）－生平
事迹②李兆志－生平事迹　Ⅳ. K825.72

中国版本图书馆 CIP 数据核字（2009）第 108154 号

启功与笔工

著　　者：李兆志　李日强

封面设计：周小玮
责任印制：张道奇
责任编辑：孙　霞

出版发行：文物出版社
社　　址：北京市东直门内北小街 2 号楼
网　　址：http://www. wenwu. com
邮　　箱：E-mail：web@ wenwu. com
经　　销：新华书店
印　　刷：北京君升印刷有限公司印刷
开　　本：850×1168　1/32
印　　张：6.875
版　　次：2010 年 8 月第 1 版
印　　次：2020 年 1 月第 3 次印刷
书　　号：ISBN 978-7-5010-2793-4
定　　价：32.00 元

◎ 启功先生讲书法

◎ 启功先生题字　　　　　◎ 启功先生题对联

兆志先生：前後兩蒙
惠寄佳穎，剛柔俱道，目細咸
宜。近兩年來久感筆不應手。
苦箭上所得大齊毫長三寸細
此竹筍束倒西歪，纖延微型拖
地壞布令裝

法製不曾久早故霖久飢甘旨
夫寸特忠雖惡札未有寸進而
佳筆左乎是今念花怒放衷悵
感首絕非世佾之斗常具寸箋
申訴惘工師勤勞如同故誑散華
不吝賜示，即順。大安祇備。弟啟功。
四年十二日

兆志先生台誊堂：承惠特製精毫大小
七枝，每一不佳，深濟而需，毋任感誑！今
時斂校收費字改變瑣事制度，私人
書信一律不管投遞。賜寄包裹，有友
人兄玉代攜交下，始獲玉郵局取來。
垂注歷歷，亟用佳筆專状，語祥錦念！
以後通訊，請寫北京師大中文系小轉為感。
敬上十二日

◎ 启功先生来信

◎ 参观水盆车间右起：佟韦先生、老师傅、朱丹先生、笔者

◎ 启功先生书王介甫句

◎ 郑喆老师来信

◎ 启功先生与笔者和诗

◎ 青山白云　　◎ 笔者习作

◎ 启功先生撰《中国毛笔》序

◎ 启功先生题书名　◎ 《中国毛笔》

◎ 启功先生题字

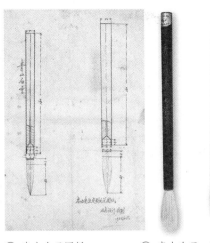 

◎ 青山白云图纸　　　◎ 青山白云　◎ 1号、2号
　　　　　　　　　　　　　　　　　　　青山白云

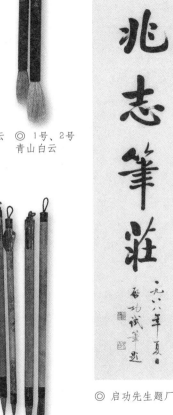

◎ 启功先生题厂名

◎ 左起：特制小狼毫、
　特制中狼毫、狼毫笔二
　支、纯狼毫中楷、2号特
　制小狼毫

◎ 左起：云烟、玉针、
　含英、玉液

◎ 启功先生题字

◎ 右起：1号、2号、3号青山白云

◎ 李福寿先生为董寿平先生定做的毛笔

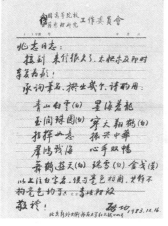

◎ 启功先生拟笔名

◎ 左起：1号云龙凤虎、1号精品提笔、2号青山白云、2号湘妃提笔、狼针、3号青山白云、2号云龙凤虎、1号湘妃提笔

◎ 启功先生赠铜镇纸

 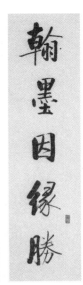

◎ 启功先生题对联

◎ 汪今異先生治印

◎ 启源先生题对联

◎ 笔者临写对联

9

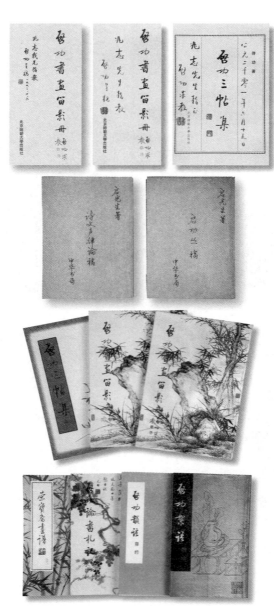

◎ 启功先生赠书

◎ 王世襄先生赠书

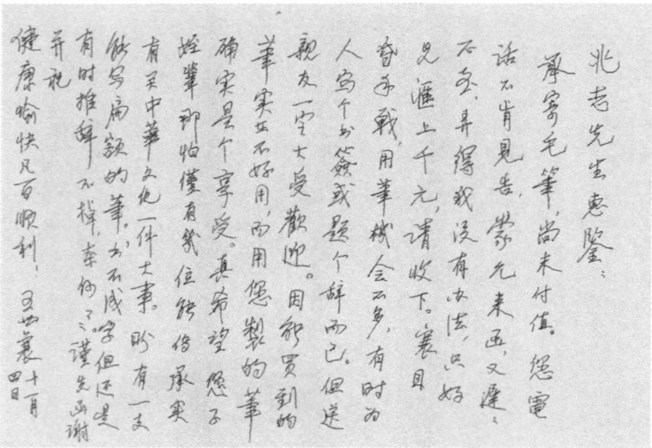

兆志先生惠鉴：

承寄毛笔尚未付值，惠赐
话太肯见惠。紫先来函，又虑。
不负异得我没有收，此好
兄汇上千元，请收下。裹贝
寄予戏用笔概会多，有时为
人写个小签或题个字而已，但遂
亲友一字大受欢迎。因邓贾到的
笔实在不好用，而用您制的笔
确实是个享受。真希望您子
姪笔都怕坏有您住钤俗承实
有某中华文化一件大素，有一支
做写扁额的笔为不成字，但连送
有时推辞不，索性索枸了，谨先函谢

弄祝
健康愉快尺百顺利
　　　　　　王世襄十月四日

◎ 王世襄先生来信

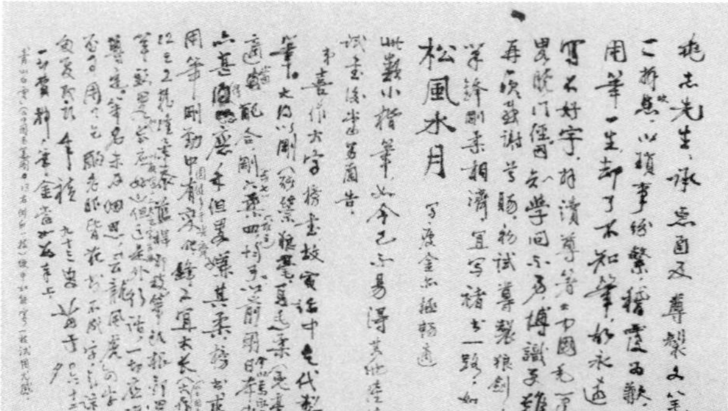

兆志先生：承惠函又尊製之笔甚
佳，惟必须享榜繁榼度而软矛
用笔一生卸了不和笔於永逸由
写不好字，时须尊意，中国毛笔虽
异然门伦和学问不多，傅謝至难，
再废致谢学颂杨试尊製艰难，以之
挥译剂采相涛宜写请些一路如

松风水月

此盖小楷笔也。今已不易浮英此造
诀尊惠谢某求兰曲

筆好士内开卷书放寓话中之代教授
六善自此�

黄苗子敬上

◎ 黄苗子先生来信

◎ 峭峰银辉

◎ 傅熹年先生来信

◎ 华君武先生来信

北志年毫妙　入神曲折随意
纤圆云大字能　书座鹤铭小字
束侠士仗干莫　我草书生唯
秋颖石湖四海　汗漫游腰佩羊
毫笔气近年　来点化山水石

挥毫落纸忽惊
城多谢北志细　擘狸一管任手
敲万金出匣　新彩生字光
毫端乃见墨毫　生北志多珍
重书圣画师　宿藉君水泚不
见王右军小　沙那有李

将军

莱州李北志工制笔
所制羊毫兔颖妙
古之干将莫邪其
锋乃见它光乎年
北志之笔也因为
化歌云尔
宽室冯其庸七
十又七时己卯大
暑

◎ 冯其庸先生题诗

◎ 启功先生和笔者合影

◎ 启功先生和笔者合影

◎ 华君武先生和笔者合影

◎ 杨璐先生、章景怀先生和笔者合影

◎ 两世翰缘 一生恩师

16

目　录

序

章景怀

　　李兆志同志与启功先生是有着二十多年交往的忘年之交，和我自然也就成了好朋友。山东掖县的制笔业是有悠久历史的传统手工艺，兆志同志是位有心人，为了提高毛笔质量以及对文化知识的渴望，在 20 世纪 80 年代初他自报家门找到了启先生，希望了解书画家对毛笔使用的要求并想从启先生那里学到一些书法知识。启先生热情地接待了他，向他详细地谈了自己对毛笔发展史和传统的毛笔制作工艺书籍的了解，并就市场上的毛笔的弊病和解决办法谈了自己的看法。据兆志同志讲，启先生给予他许多包括一般书画家在内的毛笔使用者不可能给予他的启迪，使他在日后工作中获益颇多。

　　众所周知启先生在 20 世纪六七十年代喜欢使用河北衡水县生产的一种羊毫笔，当时只售七分钱一支，可谓物美价廉。别人看不上眼的廉价笔启先生用起来却觉得非常好，后来随着市场经济的发展这种笔却买不到了。此时正好兆志根据启先生的建议和要求为先生制作了更得心应手的新毛笔，满足了启先生作画写字的需求。

在启先生的推荐下，董寿平、黄苗子、王世襄、冯其庸、傅熹年等先生也开始使用兆志笔庄生产的毛笔，各位先生对该毛笔称赞有加。此时兆志的书法水平和制笔水平也在不断提高，事业蒸蒸日上。试想一位笛箫制作者如果自己不会吹，他一定不会做出上好笛箫的，那么同样不会使用毛笔的人也不会做出上等毛笔。兆志根据自己制笔心得和所学知识，在启先生的鼓励和帮助下完成了《中国毛笔》一书的写作，填补了我国毛笔制作工艺专著的空白，启先生为该书题签写序。

此次兆志把他每次来拜访启先生的回忆记录整理成册，希望出版前让我提些意见写篇序言，我就文章一些细节提了一点意见。不敢写序，只能谈一点对兆志同志人品的看法。首先当我看到书稿时为他的记忆力叹服，他能把每一次和启先生见面时的情景、谈话内容记录的如此详尽，真乃有心之人。文章充满感情，令人感动，忠实而又真实地记录了一位制笔人与一位老学者、老书画艺术家的认识交往经历，很具传奇色彩，反映了兆志对事业和知识的追求，也从一个侧面反映出启先生为人处事的态度。启先生对每一位希望得到他帮助的人尤其是青年都会满腔热情并毫无保留地把自己的学问传授给求教者，并不因为来访者不认识又无人介绍而拒之门外。

兆志为人忠厚、诚恳好学，他把启先生视为圣人一样看待。《启功与笔工》就像一部未经剪辑的纪录片一样，是以第一人称写就的一部访记问学录，详细记录了每一次访问内容，包括场景、谈话内容。形式新颖、原汁原味，真实可信，没有过多修饰，是一部回忆纪念启先生的好书。随着启先生的去世，他和一位普通制笔人之间持续二十多年的忘年之交结束了，而兆志和我们全家的友谊仍在继续，我们对兆志的评价就两个字——好人。

章景怀
二〇〇八年十一月五日

盲闯小乘巷

1980 年 8 月，我向全国供销合作总社求援黄鼠狼①尾来到北京。我们"掖县②苗家公社毛笔刷子厂"是一家社办企业，生产需要的原料没有纳入国家计划供应，我们只好背着花生米，提着芝麻油等土特产品，找亲戚、求老乡，四处求援计划外指标。用当时流行的话说：社办企业是属小鸡的，要自己刨食吃。

北京，我们伟大祖国的首都。雄伟庄严的天安门，宽敞整洁的天安门广场，迎风飘扬的五星红旗，这一切，都令我是那么的向往。从我走进校门的第一天起，就高举小拳头，用清脆的童声，千遍万遍地高呼："伟大的祖国，我们热爱您。"

那天，我终于来到了北京。但是，面对当时的北京，我这个34 岁的农民却是那样的无奈：住旅馆需要县级以上单位的介绍信，我们社办企业的介绍信，不论是旅馆还是招待所，一律不予接待。几经周折，在亲戚的带领下，换乘了几次公共汽车，终于住进了一个单位的"内部招待所"。所谓"招待所"，其实只有四间低矮的西平房。每间屋里，有四张木板床，每张床上配置一

---

① 即黄鼬，哺乳纲，鼬科。
② 现改为莱州市，下同。

套被褥、一个枕头。靠近门口的墙角，放了一张摇摇晃晃却仍然顽强站立的桌子，还有一个坐在上面就会吱吱呀呀叫唤的小方凳。桌上搁着一只铁皮网做外壳的简易热水瓶，桌下放着一个搪瓷洗脸盆。这些用具，是四位求宿人的公共用品，房间倒收拾得干干净净。当然，能住上这样的地方也是谢天谢地了，总比蹲火车站候车室好得多。

屋漏偏逢连阴雨，我去求援原料的单位领导到外地开会去了，我要在这里干等三天，这可真急人，这三天干什么？游览名胜古迹，没钱。而招待所里，又没有电视机。思来想去，我终于想出一个办法：我喜欢写毛笔字，尽管写得不入体，怎么也能把墨汁抹在纸上，用这个活打发时间，倒也不失为上策。说干就干，我从旅行袋里取出一支毛笔，用洗脸盆打来自来水代替墨汁，再到街上捡回几张破报纸，"文房三宝"俱全。不一会儿，报纸上跃起了水迹。报纸湿了，晾干；再湿了，再晾干；昏头昏脑地不知道写了多少遍，第一天总算熬过去了。

第二天早晨，我站在招待所的大门口，看着潮涌般的自行车队，前轮咬后轮，后轮压前轮，追逐着自己的目标，想今天再干什么？我突发奇想，北京是我们伟大祖国的文化中心，会写毛笔字的人一定很多，去找个老师教我写毛笔字，再打发一天。

我回到招待所值班室，冲着一位50岁左右的值班员说："同志，这附近有没有会写毛笔字的人？我今天没什么事，想找位同志，跟他学写毛笔字。"

我话音刚落，值班员头也没抬，甩出了一句："出大门向右拐，向前走大约五十米，在马路对面的胡同里，有一位会写字的。"

"他叫什么名字？"

"不知道。"

"他家的门牌是几号？"

"不知道。胡同里住的人家不多，你走进去打听一下，就能找着。"

这位值班员，是一问三不知。我怕人家厌烦，不敢再问了，别忘了咱是"走后门"住进来的，处处要谨慎些。我回到房间，拿了三支毛笔，往背包里一揣，背上就走。按照值班员指点的路线，找到了这条胡同。当时，我来到北京，就像是"刘姥姥走进大观园"，摸不着东西南北。现在，此事已经过去近三十年了，据我回忆，这条胡同大概是东西走向，我是从胡同的西口走进来的。胡同很窄，两边是残破的青砖墙和灰瓦平房。胡同打扫得干干净净，行人也很少。走着走着，前面又分出一条向南的更窄的胡同。我站在这个丁字路口，不知道该向哪里走？等了好长时间，从向南的这条胡同里走来一位四十岁左右的女同志，我急忙迎上去问："同志，请问这里有位会写毛笔字的同志，他家住哪个门？"

"向前走，路右边那个小门。"女同志抬手一指，一步不停地走了。

这两扇门实在是不大，似乎比我们山东农村的院门还窄，木门和门框上的黑油漆已经剥落殆尽，灰褐色的门板，记载着饱经风霜的痕迹。我走到门前，重重地拍了两下门环。门开了，一位个子不高的老人向我深深地鞠了一个90度的躬，微笑着说："您好，您找谁？"

这突如其来的礼貌使我愣住了，我意识到自己的鲁莽，连忙也鞠了一个躬，结结巴巴地说："我是山东省掖县苗家公社毛笔刷子厂的，我叫李兆志。请问这里是不是住着一位会写毛笔字的同志，我想向他学习写毛笔字。"

"请进，请进。"老人向后退了一步，用手向院子里一指，说。

我诚惶诚恐地走进院内，心怦怦地直跳，也没有注意院内有几间房子。老人指着北屋说："我住南屋，今天在收拾卫生，咱俩到北屋坐吧。"

我随着老人来到北屋，房间不大，屋当中放着一张灰白色的老式方桌，可能是年代太久远，油漆的颜色一点也看不出来了，露出清晰的木纹。方桌上，放着一把紫砂茶壶和一只小紫砂茶杯，桌旁立着一把已经变成古铜色的京式藤椅，看来刚才老人正坐在藤椅上喝茶，这正是老北京人悠闲生活的典型写照。

老人连忙给我拿来一把藤椅让我坐下，又取来一只紫砂茶杯，倒上水，双手递给我。我连忙双手去接，慌忙中差点把茶水碰洒在方桌上。老人看出我紧张的神情，十分平和地笑着说："请坐，请坐，不着急，先喝口水。"

我喝了一口水，怦怦乱跳的心也稍微平静了些，潜意识里，我确定这位老人就是我要找的人。于是我抬起头来注视着老人：圆圆脸，面色白皙，神采奕奕，眼皮微微下垂，笑起来眼睛眯成一条弯弯的缝，好像一位慈眉善目的弥勒佛像。灰白色的头发有些稀疏，没留胡须。身上穿一件灰色的确良衬衫，洗得干干净净，袖口已经磨破，规规矩矩地补了一条小边，这条小边我至今记得十分清楚。这身装束是当时北京老人的标准装。

老人看着我这个面容紧张，一身农民装束的青年人，满脸笑容地说:"这个院子里,住着我和亲戚两家,我叫启功,在北京师范大学教书,不知道您是不是找我。"

启功?这个名字真特殊,应该是姓启名功吧。我上学的时候,没有读过《百家姓》。失学以后,曾经走马观花地看过,怎么不记得有姓"启"的?噢!文人有用笔名或字号的习惯,老舍名叫舒庆春,鲁迅名叫周树人,"启功"也许是笔名。于是我连忙说:"启老师我是山东省掖县……"我把提前准备好的那几句话和今天早晨的经过,又照本宣科地重复了一遍。启老师听我说完如此莽撞的经过,脸上不但没有露出怪罪之意,似乎还泛起一些赞许的微笑,我的心情才慢慢地稳定下来。接着,我把"见面礼"从背包里掏出来,递给了启老师:"这是我们单位生产的毛笔,请您试用一下,提提意见。"

启老师双手接过毛笔,非常高兴地说:"谢谢,谢谢!提意见,称不上,我倒是很喜欢毛笔。"启老师把三支毛笔的笔套拔下来,用手慢慢地旋转着笔杆,把笔头仔细地环视了一周。又把笔尖放在舌头上慢慢地旋转,为的是把笔尖润开,然后用大拇指和食指把笔尖铺平,对着明亮的地方,仔细地观察着笔锋,自言自语地低声说:"这些笔修理得真好,笔锋整齐透亮,副毫衬得也很合适。"接着,启老师又轻轻地把笔尖捋好,用右手握着笔杆,把笔尖在左手掌上慢慢地转来转去,这个动作在我们行业内称为盘笔或者旋笔。也真是老天爷保佑,不管启老师怎么旋转,笔尖上没有蹦出一根"不维护团结"的笔毫。启老师盘完笔尖以后,十分高兴地大声说:"好,好!这些狼毫笔真是好笔!"

启老师一边说,一边仔细地把三支笔的笔套装好,又旋转着看笔杆。看到启老师观察笔杆,我心中暗自高兴,我知道,只要笔头质量不出意外，笔杆绝对是"小孩敲锣——当当响。"因为这些笔杆都是选用产自湖南省的斑竹，再镶嵌用水牛角加工成的笔斗和笔顶制成的，甚至笔顶的挂绳，也是用蚕丝织成的。这样的笔杆，不论是国内市场上，还是国际市场上，都是超一流产品。

正当我自我陶醉的时候，启老师的眉头紧紧地缩了一下，然后把三支毛笔都递给我，说："这些好毛笔我不舍得用，您还是拿回去吧，还能多卖些钱，增加您单位的收入，我不配用这么高贵的毛笔。"

我懵了，简直有点不相信，这是为什么？毛笔是我们单位自己做的，也是"土特产"。我不论到哪里去，背包里总要揣上几支。我不吸烟，背包里的毛笔就像别人口袋里的香烟一样，初次和人家见面，递上两支，作为联络感情的"开场白"，偶尔也有"敲门砖"的功能。实践告诉我，毛笔的功能比香烟的功能可大多了；送给不会使用毛笔的人，他看到这装潢考究，制作精良的毛笔，就会十分高兴地说："留给孩子学习写毛笔字。"遇到喜欢写毛笔字的人，那高兴劲就甭提了，连声说："谢谢，谢谢。"当然，我需要他帮助的事，也就好办些了。今天，我把这些毛笔送给一个会写毛笔字的人，却碰了一鼻子灰，真是丈二的和尚，叫人摸不着头脑。

我没有伸手去接毛笔，双手僵硬地握着紫砂茶杯。当时的形象，若用摄像机拍下，肯定是呆若木鸡。

启老师看着我的窘样，把毛笔轻轻地放在方桌上，诚恳而温和地说："这些狼毫笔，的确是好笔，价格一定很贵。您带回去，卖了，还能增加你们笔厂的收入。我听河北的朋友说过，你们农民在农闲的时候，制作点毛笔，很不容易。你看，这些毛笔，不但笔头做得好，笔杆也选用了名竹，还加了笔斗，这么高贵的毛笔被我糟蹋了，太可惜了。"

我仍然呆呆地在那里，一动未动。启老师又站起来，给我倒茶。我茶杯中的水还满着，启老师仍然象征性地倒上几滴。我心里知道：启老师在缓和气氛。启老师放下茶壶，又坐在藤椅上，慢慢地谈起自己多年来使用毛笔的感受：

"我今年68岁了，从小时候学习写毛笔字开始，用过了多少种毛笔，已经记不清了。20岁以前，也曾经用过'贺莲青'、'胡开文'等当时名气很大的毛笔，可是，总觉得不是很顺手，把那么多值钱的毛笔，都让我糟蹋了。那时候，也只练习写一些较小的字。最大的也不过一寸左右。随着年龄的增长，字也写得稍微大了些。一直到'文化大革命'抄写'大字报'，我写的字也越来越大，越来越多，使用过的毛笔也越来越多。南方产的，北方产的，狼毫羊毫，到底使用了多少厂家生产的多少种毛笔，我也记不清楚了。使用的多了，也就有了比较，也就知道了适合我用的毛笔和不适合我用的毛笔的区别。以前使用的毛笔中，我印象最深的是文物鉴定家李孟东先生送给我的，是河北省衡水农村的制笔师傅在农闲时间制作的。这些毛笔，笔杆没有任何装饰，只是一根白竹，在竹子的细端挖个洞，把笔头粘进去，再用芦苇做的笔套把笔头套好，避免触伤了笔锋。每十支用纸包成一包，当时的价钱只卖7分钱一支。您可别小看这7分钱一支的毛笔，写起字来，能大能小，笔画能粗能细。写粗笔画的时候，笔头的腰部有健力；写细笔画的时候，把毛笔稍微提一下，笔锋随手收拢起来，不分绺，不开叉。写起字来，越写越得劲，越写越爱写，写得再多也不觉得累。那不但是在写字，而且也是一种享受。"

启老师越说越高兴，两只手轻轻地拍起来，眼睛笑得眯成一条缝。他不是在说毛笔，好像在回味饥肠辘辘的时候，吃的一顿美餐。

听启老师讲完这个美好的故事，我的心才又回到原来的地方，好像也跟随着启老师饱餐了一顿。

启老师喝了一口水，又接着说起来：衡水农村做的这种毛笔，我一次就买了200支。倒不是单纯地贪图便宜，更主要的是我用着顺手。我使用这些毛笔写字，真正体会到了什么是物美价廉。这200支用完了，我又买了200支，用完了，又买……可是，不知道为什么，这些年来，那样的毛笔却买不到了。现在市场上卖的毛笔，和您带来的毛笔相似，笔杆都是名竹，装潢都很讲究，笔杆变沉重，毛笔头的腰部变得柔软无力了，笔锋显得很粗糙，价钱都提高了一大截。买得起买不起咱先不说，这样的毛笔，买了以后，我都不会用了，不顺手。要写细的笔画，笔尖没有笔锋，要写粗的笔画，笔腰又没有劲儿。笔杆那么重，用的时间长了，都压手，"杆轻适手"啊！启老师的声调突然提高了八度。

启老师的话深深地刺痛了我的心。我生在农村，长在农村，从事毛笔职业已经十多年，十分清楚其中的缘由。我的家乡也和衡水的农村一样，制作毛笔是当地的传统技术，一代一代又一代，到底传承了多少年，我走访了一些制作毛笔的老师傅，谁也说不准。我还曾经查过《掖县志》，也没有获得准确的结论，只能说是有数百年。在这数百年的技术传承中，培养了一代又一代制笔高手。他们农忙的时候种地，农闲的时候，在自己家里或者几个人凑在一起，找几间小茅屋，用土坯垒起土炕，盘着腿坐在土炕上制作毛笔，我们当地把这种制笔形式叫"作坊"。他们坚守传统的制作工艺，认真操作，一丝不苟。比如：水盆工序的"梳贴子"，传统工艺要求"三合九遍"，才能把"贴子"梳匀。其实，少梳一遍二遍，别人是不知道的，他们决不马虎，一遍也不少梳。他们每天只挣很少的一点工钱，产品价格很低。年轻人就背着、挑着毛笔"闯关东"，进"京城"，当时叫"跑外程"，他们的足迹踏遍白山黑水，长城内外。他们把携带的毛笔卖完了再回家制作。这种近乎原始的生产、交换方式，延续了数百年，养活了一方生灵，也使制作毛笔的技艺得到很好的传承。我相信，启老师所喜欢使用的衡水农村毛笔，也一定是这样制作出来的。

随着农村一次又一次政治运动的兴起，农民的任务也前所未有的明确——"政治挂帅、思想领先、大搞粮食、亩产四万"；"吃在地，睡在田，改天换地夺高产"；"干到腊月二十九，吃了饺子再动手"；"坚决割掉资本主义尾巴，走共产主义光明大道"……随着这些革命措施的实施，农民没有了农闲，毛笔和许多民间工艺品这些"资本主义尾巴"，也就被成功地割掉了。

到了20世纪70年代初期，日本、韩国、东南亚各国大量进口我国毛笔，农村的毛笔生产又重新活跃起来。由于外商要求条件的苛刻，各省、市外贸进出口公司和生产厂家的无序竞争，使毛笔生产的传统技术发生了改变；大量选用湘妃竹、斑竹等名竹，再镶嵌用水牛角加工成的笔斗和笔顶，使毛笔杆的重量大增，成本提高，毛笔头的质量却被放在次要的位置上。这种本末倒置的做法，使毛笔生产的本质发生了变化，这种变化不可避免地冲击着国内市场。所以，启老师喜欢使用的杆轻适手，每支七分钱的毛笔就买不到了。

尽管我知道其中的缘由，当时我没有勇气把原因说出来。看着启老师焦虑的样子，我问："衡水农村制作的毛笔，现在还有没有了？"

"没有了，一支也没有了。"

"这种毛笔的笔头有多长、直径有多粗？"我紧接着问。

启老师用手指比画了一下笔头的大小，根据启老师比画的大小和使用感受，结合我从艺十几年的经验，这种毛笔的形状和选用的原料在我脑中浮现出来，于是冲着启老师问："这种毛笔头是白色的？"

"对，是白色的。"启老师回答。

我紧接着说："用这种毛笔写字的时候，笔尖觉得很柔润，很舒服，不开叉。毛笔头的腰部弹力又适中，既不软绵又不絷手，很顺畅。"启老师点了点头，我接着又说："我估计这种毛笔是用山羊毛为主料，再掺和点健性辅料，用苘麻衬垫做成的。"

"你们也用麻做笔吗？"启老师问。

我告诉启老师，我国北方，如山东、河北、东北三省的各个毛笔厂，绝大多数是以狼毫毛笔为主导产品，传统的制作工艺，都是用苘麻做衬垫。这些毛笔厂也生产少部分的羊毫毛笔，也都是用苘麻做衬垫，这些毛笔厂的师傅，离开苘麻就不会做毛笔。自从"文化大革命"开始，为了满足写"大字报"的需要，支持革命运动，大家都拼命地赶产量，抛弃了又脏又累又慢的用苘麻做衬垫的工艺，改用山羊毛做衬垫。以后，又生产出口毛笔，外商要求狼毫毛笔不采用苘麻做衬垫，全部改用黄鼠狼尾毛做衬垫，各地毛笔厂就不再用苘麻衬垫做毛笔了。其实，外商提出的做法很不科学，既浪费了宝贵的黄鼠狼尾，又削弱了毛笔头腰部的健力。另外，用苘麻做衬垫，加工难度大，技术要求精细，现在，国内市场上的毛笔，绝大多数是用山羊毛做衬垫，用苘麻做衬垫的毛笔几乎是绝迹了。

我的话音刚落，启老师急忙抢上去说："传统工艺的精华不能丢，你们一定要坚持下去。过去，就有'无麻不成笔'的说法，《笔经》中就有用苘麻做毛笔的记载，这个工艺已经传承了上千年了，千万要保住。《笔经》中还说笔杆要轻。"

"《笔经》？"我迷惑地问。

"《笔经》是晋代王羲之撰写的。"启老师看出了我的迷惑，慢慢地说："历史上论述毛笔的书籍还有很多，可以找来读一下，作为参考。还要注意写点介绍毛笔基本知识的文章，象用苘麻做衬垫这样的知识，要让大家知道。大家不了解这方面的知识，容易造成误解。你说毛笔是用苘麻做衬垫制作的，他就说不好用；你说毛笔是用神仙毛做的，他就喜欢了。原因就是大家不明白其中的道理。大家明白了道理，也就会挑选自己顺手的毛笔了。"

我越听兴趣越大，越好奇。这个会写字的老师，不单会写字，还懂得毛笔工艺，还会选择毛笔。有关毛笔的知识，不仅句句在行，还能引经据典。这些知识，使我这个从事毛笔职业十几年的笔工相形见绌。是啊！我当时怎么也想不到，我面前这位端坐喝茶的"休闲"老人，竟是学富五车、大名鼎鼎的学者。

　　屋子里渐渐地闷热起来，启老师找来两把芭蕉叶扇，递给我一把，他自己拿着一把摇起来。真是"话逢投机千句少"，这是我第一次遇到懂得这么多毛笔知识的局外人，真想和他多聊一会儿。当时，我还没有手表，屋子里的闷热告诉我，天快晌午了，不应该再打扰他老人家。我把桌子上的毛笔装进背包里，站起来说："启老师，我该走了。我回去以后，一定按照您的要求，用苘麻衬垫做几支毛笔给您寄来，请您试一下。如果好用，就留着用；如果不好用，就把它扔掉。您提出修改意见，我再重做。"

　　启老师听我说完，高兴地笑起来，两只眼睛又眯成弯弯的月牙，连声说："谢谢您，谢谢您！"接着，又严肃地说："给我制作的毛笔，笔杆不要任何装饰，只要一根竹杆装上笔头就行了。"

　　启老师又认真地叮嘱我："毛笔是用来写字的，不是单纯为了欣赏的工艺品，更不能是为了挂在那里装点门面。选名竹、搞装潢，那样做法，既浪费了自然资源，又不好用。要把真功夫用在笔头上，使毛笔好用、顺手，千万别做金玉其外、败絮其中的傻事。"

　　说完，启老师从兜里掏出钱来，递给我，我连忙按住他的手说："钱，我是要收的。但是，现在不能收。等把毛笔做好了，我再来收钱。"启老师仍然执意要给我钱，我这条山东大汉的力气总比他大，他是争不过我的。

　　我动身要走，启老师又把我按在椅子上坐下，说："咱俩今天谈得不对题啊！您来找我的目的，是想和我研究写毛笔字，咱还没有开始呢！"

"对题，对题。这叫歪打正着。"我俩都笑了。

我掏出通讯记录小本，请启老师写下通讯地址。启老师用圆珠笔在只有 6 毫米宽的横格里，整整齐齐地写下"启功，北京西直门内小乘巷 86 号"。启老师写下的地址，我至今还珍藏着。时间已经过去快 30 年了，今天看见，还是那样亲切、甜蜜，启老写字的形象仍然历历在目。

启老师送我到大门口，双手握着我的手，又鞠了一个 90 度的躬说："再见，再见。"

回到招待所，我心里十分高兴，尽管今天没有学习写毛笔字，却意外地遇见了一位北京师范大学的老师。单凭老人家的年龄，我估计，起码也应该是副教授。特别是启老师的言谈举止，更使我耳目一新。以前，从来没有碰见这样的长者。更使我佩服的是启老师还懂得毛笔制作工艺，不论是毛笔的衬垫，还是笔锋的修整和盘笔，都说得头头是道，更使我吃惊的是还引用了王羲之的《笔经》。过去，我只知道王羲之是书法家，不知道王羲之还写出了记载毛笔制作工艺的《笔经》。原来早在晋代，我国就有了介绍毛笔制作工艺的著作，我一定要找到这部著作学习一下。我心里明白，今天学到的知识，比学习书法重要得多。道理很简单，因为做毛笔，是我全家老小吃饭的本钱。

我又仔细地回想了衡水农村做的毛笔，根据启老师用手比画的大小，我想毛笔头长度大约 40 毫米，直径大约 8～9 毫米，并且绘制了草图。

回厂以后，我根据在北京绘制的草图，结合我厂毛笔技术标准和工艺特点，重新绘制了图纸。然后，我又和车间的老师傅，一起审查图纸，听取他们的意见，对一些不适合我们地区传统生产工艺的地方，进行了修改，使图纸得到大家的认同，把笔头直径定为 8.5 毫米，长度 40 毫米，用白尖锋山羊毛为主料，用苘麻做衬垫，再在笔腰以下掺加少量香狸尾毛。

纸上谈兵结束了，新的困难又出现了。我厂的主导产品是狼毫毛笔，给启老师制作毛笔需要的主要原料白尖锋山羊毛和苘麻，仓库里一点也没有。幸好我是厂供销科长，分管原料采购工作，于是向上海土畜产公司求援到白尖锋山羊毛，又到各村毛笔厂挖出了他们多年不用的"沉底"苘麻，原料总算备齐了。

安排生产却遇到意想不到的麻烦。当时，厂里的毛笔出口任务压得很紧，工人每天都要干 10 个小时。厂里是流水作业，"一卯顶一榫"，如果把"顶梁柱"的师傅撤下来，制作这点"小任务"，就会影响整个生产流程，不能按期完成出口任务，我这个供销科长可担当不起。再一个没有想到的麻烦是：本来，我们家乡制作毛笔的传统工艺是用苘麻做衬垫，没有什么困难。但是，自从"文化大革命"以后，十几年没有用苘麻衬垫制作毛笔了，过去一些精通这项技术的师傅年纪大了，干不好活了。毛笔是手工做成的，不论是哪道工序，笔工每天都得两眼紧紧地盯着笔锋，过早地把眼睛累坏。一般说来，技术再好的师傅只要年龄超过 45 岁，戴上老花镜，技术就失去了昔日的辉煌。再说，手工活，"三日不干手生"，何况用苘麻衬垫又脏又累，谁也不愿意再自讨没趣。另外，我们家乡的传统技术是制作狼毫毛笔，不习惯用山羊毛制作毛笔。用山羊毛制作毛笔，是我国南方各地毛笔厂的拿手好戏，他们很讲究"配锋"、"衬贴"等工艺。我们地区的传统技术，处理山羊毛的方法和处理黄鼠狼尾毛的方法相同，不配锋，不衬贴，不考虑山羊毛锋颖的长短，统一"拉齐"、"切平"。我们制作的羊毫毛笔，毛笔头的尖部没有透明的锋颖，起码是不好看。至于使用效果，那只好仁者见仁、智者见智了。

不管有什么困难，"算命先生请来家了，不算也得算。"我已经答应了启老师，就是困难再多，也得努力去克服。幸好我是供销科长，对全公社各村毛笔厂的生产技术水平非常熟悉。我挑选了一个技术水平较好的村毛笔厂，请几位技术过硬的师傅，按照我的图纸要求制作。生产过程中出现了问题，我们一起研究解决，终于做成了三十几个毛笔头。

麻雀虽小，五脏俱全。虽然安排的生产任务数量不大，但是也要一道工序一道工序的去做。毛笔头做好了，选配什么颜色的笔杆？启老师曾经再三叮嘱我：笔杆不要任何装饰，只要一根竹杆就行了。当时，市场上通用的笔杆有白色、淡青色和红褐色三种竹杆，我却对这三种颜色的笔杆都不感兴趣：千篇一律，没有特色。如果选用名贵的湘妃竹和斑竹，启老师肯定不会买我的账，怎么办？

思来想去，还是不想走别人都走的常规路，要独树一帜。最后，我决定选用近似黑色的深墨绿色笔杆。这种颜色的笔杆是用竹皮表面有斑点，不漂亮，或者表皮不光滑、不圆正而被淘汰下来的各色"废"竹杆，加入染料染成的，染色工艺十分简单。"文化大革命"以前，为了"废物"利用，降低成本，这种染色的笔杆非常流行。"文化大革命"以后，不知为何，这种墨绿色笔杆却销声匿迹了。别人不用，我用。白色笔头，深墨绿色笔杆，黑白相衔，相映成趣。因为一心只想着按着启老师的意见制作，笔杆不加任何装饰，所以连笔杆上端的挂绳也没装。

笔杆上刻什么名字呢，当时也没有想到请启老师命名，坦率地说是压根儿就没有往这方面去想，不知道这里面还有什么"名人效应"、"毛笔文化"。的确，在刚刚拨乱反正的时期，要求一个农村青年，明白什么"毛笔文化"，也实在是脱离现实。当时正是隆冬季节，我坐在低矮的办公室里，从窗口向外望去，院子里的积雪有的地方竟和院墙一样高，一堆堆积雪，被寒风雕塑成各种形状：有的地方垂直，好像斧劈的山崖；有的地方翻卷，好像汹涌的波涛。昏黄的冬日，虽然没有力量驱走冬寒，却给积雪披上一层银辉，孕育着寒尽春归的希望。我的视线不由自主地从院墙西北角的雪堆开始，沿着北墙向东北墙角数起：一堆、二堆、三堆……何止苏轼笔下的"千堆"！虽然我没有欣赏过"乱石崩云，惊涛裂岸"的壮观景象，此时却饱览了一座座"高处不胜寒"的雪峰。我霍然想起厂里有种出口毛笔的名字叫"峭峰银辉"，就选用这个名字吧。

毛笔做成以后，我"近水楼台先得月"，试用了两支，手感还不错。我知道，凭我这点写字的本事试笔，也是"瞎子点灯——白费蜡"，只不过是宽慰自己心灵的习惯动作而已。试完以后，我从这些毛笔中挑选了 10 支，结结实实的包装好，写上……小乘巷 86 号启功老师收。交邮局寄走，具体日期记不清了，大约是 1981 年元旦前后。

当时，也不知道还要保存资料，剩下的那几十支毛笔，以后也就随便处理了。我给启老寄去的毛笔，启老使用坏了以后也早就扔掉了。所以，现在连支样品也找不到了。

初登红六楼

　　毛笔寄走以后，心里总是惦记着这件事，天天盼望着启老的来信。一天一天又一天，却一直没见回音，期望慢慢地消失，自责浮上了心头：我们的企业是社办企业，产品在国内市场上没有名气。我厂的主导产品是狼毫毛笔，对于制作羊毫毛笔，缺乏研究，这次给启老制作的毛笔，是否能满足启老的书写要求，我心中一点把握也没有，只是拿着别人的葫芦，照着画了个瓢。我这个只有34岁的青年，没有一点自信，位卑不敢登雅堂。我没有勇气给启老写信，问一下情况，只知道静静地等着，在期盼与迷茫中，度过了1981年春节。

　　春节过后，我由供销科长升任厂长。为装点门面，也算是适应时代要求，我们找关系，写申请，这个领导批示，那个领导盖章，厂名终于扔掉了"公社"字样，改为"掖县制笔厂"。

　　我上任不久，接到轻工业部的通知，轻工业部决定：1982年，在北京召开全国第二次毛笔质量评比会，要求全国毛笔重点产地的各省、市、自治区，每个省推荐一个毛笔厂为代表，参加评比会，我厂已被推荐为山东省的代表，要求我厂做好参加评比的准备工作。四月，我和负责技术的陈宝德老师傅，出席了在武汉召开的评比预备会议，全国共有16个毛笔厂，参加了这次会议，有四个毛笔厂决定不参加评比。会上，大家商订了"评比规则"、"样品抽取"等有关事项，推选五个毛笔厂的厂长，组成第二次全国毛笔质量评比委员会，我有幸名列其中。时至今日，二十六年过去了，五位评委中，当时年龄最小的我也年逾花甲。还有一位评委，因年事太高，离开了毛笔行业，其余三位先后谢世。文房四宝协会领导曾对我说过，我是唯一还坚守在制笔阵地上的老兵了。

1982 年 6 月，全国第二次毛笔质量评比会在北京举行。参加评比会的 12 个毛笔厂，每厂推荐十种毛笔，作为参评的品种。在这十种毛笔中，由"样品征集小组"随机抽取出 5 种，每种 13 支参加评比，总计抽取了 60 种、近 800 支毛笔参加评比。毋庸置疑，这八百支毛笔，是参加评比会的 12 个毛笔厂，倾全力制作的，代表了 12 个毛笔厂产品的最高水平，也可以说代表了全国毛笔的最高水平。品种齐全，选料考究，制作精良，可谓群"贤"毕至，琳琅满目。其中，北京、天津、山东、河北等省、市毛笔厂选送的各种狼毫毛笔，不用泛开毛笔头，只看看笔头的"披毛"，黄里泛红，油光闪亮，锋颖细匀，就知道这些狼毫毛笔所用的黄鼠狼尾，不是产自我国的吉林省长白山地区，就是产自黑龙江省的嫩江地区，其他地区产的黄鼠狼尾，达不到这个成色。浙江、江苏、上海等省、市毛笔厂制作的湖笔羊毫，锋颖嫩润透明，洁白似玉，有的竟长达 15 毫米以上，制作这些湖笔所用的山羊毛，必定产自气候湿润、水草丰美的杭州、嘉兴、湖州地区，其他地区产的山羊毛是望尘莫及的。还有黑中泛紫，锋颖刚劲的紫毫笔；笔锋黄中泛白，毛杆黑中闪黄的石獾笔，黄黑相间，十分艳丽。我们这些参加评比会的厂长，饭后茶余，半开玩笑半认真地说："在这里多看几眼吧！离开这里，再想看见这么品种齐全，做工到家的毛笔恐怕非常困难了。"

评比会进行了近一个月。由于在质量检测中出现了一些问题，评比进行到中期，评比委员会决定并且得到参加评比会各厂领导的同意，评比分数汇总后，不登报宣传，把评比会改为行业经验交流会。我厂获得总分第一名，在总结会上，我做了经验交流发言。

在这次评比会上，我充分利用"评委"的有利条件，认真地研究了参加评比的 60 种毛笔，对各种毛笔的造型设计、原料选配、制作工艺、性能特点等都一一做了比较，遇到不明白的问题，就虚心地向兄弟厂的同行请教。又把兄弟厂产品的优点和我厂产品的优点，逐条逐项地进行对比，还把我厂产品的缺点和兄弟厂产品的不足也认真地进行了总结，并记下了详细的日记。不怕不识货，就怕货比货，通过参加这次评比会，使我大开眼界。我把全国各地生产的优质毛笔尽收眼底，又深藏心中，使我对中国毛笔的认识，产生了质的飞跃。

回厂以后，我用参加评比会学得的知识，对照检查了我给启老制作的毛笔，使我认识到，这些毛笔，的确有许多必须改进和提高的地方。如：我厂对山羊毛的认识和研究不够深入，选料不够精细，处理不十分妥当。江苏、浙江等省的毛笔厂，他们对山羊毛的品种等级、锋颖长短和老嫩，毛杆的粗壮和纤细都很有研究，掌握得十分得体，值得我们认真地学习、采纳。

"现蒸热卖"、立竿见影，我重新精选了白尖锋山羊毛，又重新搭配了健性辅料，结合这次评比会上大家对我厂生产的狼毫毛笔健性的首肯，我又把狼毫毛笔生产的"绝招"工艺结合进来，修改了生产工艺，力争使毛笔的笔锋尖锐而不柔弱，具备一定的健性；在毛笔头的腰部，又适当的增加了苘麻的用量，使毛笔头的腰部健性有所增加，还注意到过渡自然、顺手、不开裂。

此外，我又想上次给启老制作的毛笔，除了选配原料和制作工艺需要改进以外，产品也太单调，只有一个品种。启老经常写字，有时候写较大的字，有时候写较小的字，只给启老做一种毛笔，覆盖面太狭窄，万一不好用，全军覆没。如果给启老做两种毛笔，分成大小两个型号，这种不好用，还有另一种，留有选择的余地，不是更好些吗？于是，我又设计了比"峭峰银辉"大一些的毛笔：笔头直径 12 毫米，笔头长 48 毫米，选配原料、制作工艺和性能都和"峭峰银辉"相同。

根据重新制定的标准要求，我又请原来制作的几位老师傅，进行第二次制作。这次制作，还有一个更有利的条件，我的"官"是厂长了。

经过几位师傅和我的共同努力，又做出了两种毛笔，每种三十几支，这次新的大号毛笔，刻个什么笔名，记不清楚了。当时，也没有留样品。因为按照毛笔生产的习惯，两种毛笔的造型、原料选配和性能特点都相同，只要记住毛笔头的直径和长度，以后就可以再生产。当时怎么也想不到，二十多年以后，我还会再来回味它。今天，我翻箱倒柜，终于找到一支小号"峭峰银辉"，十分庆幸，真是有缘。

我从这两种毛笔中，每种挑选出十支。这次没有邮寄，我要亲自给启老送去，请启老试用，提出改进意见，便于我们以后制作参考。

1982 年深秋，具体时间记不清楚了，我第二次来到小乘巷86 号门前，轻轻地扣了两下门环。门开了，一位身高约 1.70

米、面容清瘦的长者走出来，温和地对我说："您好，您找谁?"

我稍微迟疑了一下，记得启老和我说过，他和一位亲戚同住在这个院子里，这位肯定是启老的亲戚了。后来才知道，这位是启老的内弟章先生。

"我叫李兆志，是山东掖县制笔厂的，给启老送毛笔来了。"

长者又问了几句，我都一一作答。长者告诉我，启老已经搬到北京师范大学院内的红六楼，让我到那里去找。

我告别了长者，走出小乘巷。谁想到，这次走出小乘巷，至今已经二十六年，再也没有走进小乘巷。小乘巷啊小乘巷，这值得我永远记忆的胡同，相信一定还是那样古朴与真诚。

红六楼位于北京师范大学院内的西北角，是一座独立的二层小楼。楼比较旧，木制门窗也显得有些狭窄。楼墙呈深红色。楼的四周栽着约有一米多高的冬青树，修剪得十分整齐。花坛里，五颜六色的花丛中，夹杂着几株翠竹。几棵高大的槐树和法桐树，包裹着小楼，使小楼显得十分宁静和优雅。尽管是座旧楼，和小乘巷86号的小南屋比起来，可是天壤之别了。

我登上红六楼的台阶，轻轻地敲了一楼西侧的门，没有人应声。我又登上二楼，照例又敲了两下。门开了，走出一位五十岁左右的女士，她告诉我，启老到外地开会去了，要过些日子才能回北京。我说明了来意，把毛笔交给这位女士，怀着失望的心情，离开了红六楼。

迟到的墨宝

1983 年 3 月 27 日，我来到中央美术学院拜访朱丹先生。朱老热情地接待了我，愉快地回忆起去年八月随中国书法家协会访问团到我厂参观的情景，又给我讲述了已故著名画家、我们莱州老乡王式廓先生的业绩。接着，朱老又给中国书法家协会主席、原山东省委第一书记舒同先生的周秘书打电话，约定时间让我去拜访舒同先生。谈话间，进来一位长者，朱老告诉我，来者是汪今巽先生。汪老篆刻艺术造诣深厚，刀功扎实，经常为京城的书画大家治印。汪老给朱老送来二枚印章，朱老又请汪老再为舒同先生镌刻二枚印章。接着，朱老又告诉汪老，我和上小学的女儿都在学习书法。汪老听后非常高兴，表示要为我和女儿各刻一枚印章，让我三天后到他家去取。三天后，我到崇文区花漕街汪老家取回了二枚篆刻十分精美的印章。几年以后，我再次到花漕街去拜谢汪老，没想到汪老已经谢世。我把印附于文中，借以纪念篆刻名家汪今巽先生。

那天，我临走时，朱老又告诉我：明天"中日书法艺术交流展览"在中国美术馆举行，他的大作也应邀参展。朱老送给我一张开幕式入场券，这可是一个千载难逢的机会，我一定要去大饱眼福。我住的旅馆，离中国美术馆较远。第二天清晨，我就起床赶车。真是"好事多磨",我乘坐的汽车中途抛锚了,只好再等下一班车,不料又碰上长时间的堵车,等我折腾到中国美术馆,开幕式刚刚结束。我便随着参观的人流逐件逐件地欣赏着墨宝。记得我国参展的墨宝,都是出自知名大家之手:舒同、赵朴初、沙孟海、启功、朱丹、陈叔亮、周而复……名家汇聚,书艺之精,可谓空前。

我看着看着,迎面碰到董寿平先生,董老告诉我:他和启老刚刚从日本访问回来。董老又叮嘱我说:"启老要找你,你尽快到启老家里去一下。"

当天下午两点半,我第二次来到红六楼。登上二楼,轻轻地敲了两下门。门开了,我一眼就认出了启老,连忙迎上去,十分高兴地大声说:"启老,您好!我是山东掖县做毛笔的李兆志。"

没等我再说什么,启老就笑着说:"啊!我认出来了,兆志您好!"启老又鞠了一个九十度的躬,双手握着我的手说:"请进,请进。"

我第一次走进启老红六楼的家门,走进门来,是一个很窄的走廊。地上铺着木地板,可能是年久的原因,木板块之间都裂了很宽的缝,地板上酱红色的地板漆,好多地方已经脱落。我正要脱鞋,启老阻止了我,我环视一下,走廊里也没有准备拖鞋,只好作罢。启老把我让进了走廊南侧的房间。

这是启老的书房兼会客室,房间不大,南北长约五米,东西宽约三米。走进房间,右侧靠近北墙开一个门,里面是启老的卧室。门的南边放着一个较短的双人沙发,双人沙发的对面,放着一对单人沙发,两对沙发之间的通道很窄,也不过0.8米宽吧。两个单人沙发之间,夹着一个宽不过半米的小茶几,两个人坐在这对单人沙发上，几乎可以肩碰肩了。房间的南墙上开有窗户，靠着南窗与房间平行放着一张长条形的书案，书案宽约 0.7 米，长约 1.40 米。书案上放着一个直径不大的圆形笔筒，里面插着使用过的毛笔和圆珠笔。书案上没有笔架，有一块不大的砚台，砚台旁边还有一只玻璃水杯，里面盛着半杯水。启老坐在书案的东侧，书案上除启老面前空着外，其他的地方堆放着书籍和稿纸。窗台上放着墨汁瓶、印泥盒和大小不一的印章盒，把本来就很狭窄的窗台塞得满满的，大有一触即落之势。启老座椅的背后，靠东墙摆着一排高高的书架，书架里挤满了厚薄不一的书。一些好像是装毛笔的盒子和随手的日用品，随便堆放在书的外侧，有些书籍则随处堆放。整个房间，显得有些凌乱和芜杂，看来主人的宗旨是方便就好。

启老和我并排着坐在单人沙发上，我俩这样几乎是肩碰肩的近距离坐在一起，我紧张得手足无措了。

启老看出我的紧张，连忙伸过手来，握住我的手说："我先给您道歉，您寄来的和送来的毛笔，我都收到了，我用得很顺手，很好！早就想给您写封信，写写我使用您厂毛笔的感受，又找不到您的通讯地址，对不起，我把您的通讯地址丢了。这次到日本访问，我带着您做的毛笔，董老也带着您做的毛笔，我俩都觉得您做的毛笔，使用起来顺手、好用，我又拜托董老找您。"

啊呀，听完启老的话，我恍然大悟。1980 年我到小乘巷见到启老的时候，只请启老给我写下通讯地址，我没有给启老留下通讯地址。1982 年秋天，我来到红六楼的时候，把毛笔交给了那位女士就走了，也没有想到给启老留下封信，启老当然找不到我的通讯地址了。

"不是您把我的通讯地址丢了，是我压根儿就没有给您留下通讯地址。"我连忙解释。

"噢，原来是这样。"启老马上很抱歉的样子说："我没给您写信，您一定很着急了吧?"

"嗯，真是很着急。"我如实"招供"："我害怕毛笔不好用。"

"很好，很好用!"启老笑着说："这次和董老到日本访问，日本朋友很留神我俩使用的毛笔。我写字的时候，他们看来看去，不就是一根黑竹杆，装上一个笔头嘛，这是他们没有想到的。白色的毛笔头，蘸上墨，变成黑色，笔杆也是黑色，在录像里看，我就是拿着一根黑棍在写字。"说完，启老哈哈地笑起来，两只眼睛又变成了弯弯的月牙儿。

看到启老高兴的样子，我心里吊了近三年的石头终于落地了，那个高兴劲儿，不知道该用什么话来形容。

"我刚刚回来，还没来得及收拾东西，毛笔还在旅行袋里呢。"启老站起来，从旅行袋里找出我给他做的两种黑杆毛笔，用手把毛笔头捋整齐，说："这两种毛笔都很好用，特别是这支较小点的更好用。"启老把毛笔头用水浸透，再把水挤净，用大拇指和食指把毛笔头轻轻地捋直顺，指着笔尖说："您看，这笔锋多么尖锐，毛笔要有锋，锋要尖，只有笔锋尖锐才能写出细的笔道，才能凸显出字的灵气。这里说的毛笔要有锋尖和笔锋整齐并不矛盾，'锋尖'是指毛笔的笔锋收拢成圆锥体的'尖'，'笔锋整齐'是指笔锋铺开，笔锋顶端的'锋颖'要齐。"

启老又用大拇指和食指把笔锋均匀地铺开，指着笔锋说："这笔的锋颖修理得也很好，很整齐。如果锋颖长短不齐，七长八短，写字的时候，笔尖上就会出现捣乱的笔毛。尤其是写小楷字的时候，更要求笔锋尖锐、整齐。笔锋越尖锐，锋颖越凸显，就需要其它毫毛的扶持与帮助，加强锋尖的力量，这就是通常说的毛笔要有'副毫'，也可以叫作'衬'，这也像打仗一样，进攻的时候，必须要有尖刀班。可是只有尖刀班也不行，那是'孤军深入'，还要有第二梯队、第三梯队、百万雄师，才能取得胜利。您制作毛笔的师傅就是卓越的指挥员，要指挥这'千毛万毫'，让它们都到合适的位置上，各尽所能，才能百战百胜。"说着说着，启老又高兴地笑起来。

　　我也随着启老笑起来，启老讲的这些知识非常正确，是制作毛笔的基本技术，只不过各个毛笔厂所采用的工序名称不同，多是方言。如：启老所说的笔"尖"，被称为"尖"、"头锋"、"锋颖"。启老所说的"衬"，被称为"衬"、"脖"、"二锋"、"副毫"……至于选择原料、配料比例、生产工艺等，各个毛笔厂之间，差别就更大了。当然，这也正是毛笔特点的所在，也正是这种百花齐放、各具特色的生产工艺，才生产出各具特色的毛笔，适应了不同用途、不同要求的书画艺术的需要。

　　启老又使劲捏了几下毛笔头的中部，然后把毛笔头捋圆，用左手食指把笔头的中部弹拨了几下，指着笔头的中部说："这支笔的腰部健力也可以，写完较细的笔道，再写较粗的笔道，笔腰的健力也适合我的要求，既不柔弱无力，也没有絷手的感觉。把笔提起来，笔锋也能随手收拢起来，这也就是平常说的刚柔相济，柔健适手。如果写粗笔道的时候，毛笔头的腰部太软，健力不够，写出来的笔画就显得没有力度；然后提起笔来，笔尖又收拢不起来，分裂成一绺一绺的小束，或者笔头的腰部裂成几个小堆，好像一堆灌木丛，那是最讨厌的。苏东坡说过：你写字的时候，不论你怎么写，手里都觉得没有笔，这样的笔才是最好的笔。也就是，写字的时候，笔能随着人的心意走。"

我告诉启老，单纯用山羊毛做成的纯羊毫笔都太柔软，达不到这样的效果。要想达到这样的效果，必须要加入适量的苘麻。启老接着说："对，是这样。过去常说：无麻不成笔，可见麻的重要。您制作的毛笔，一定要用麻，上次咱俩也说过这个事，传统技术的精华，一定不能丢掉。一定要坚持下去。"

"这些毛笔都是用苘麻衬垫做成的。"我告诉启老，用苘麻衬垫做毛笔，苘麻和其他原料配比的数量、配置的部位都很难掌握，加工的时候也费工费力，必须要把苘麻加工到"精细"的程度，做成的毛笔才能好用。如果加工不到必要的程度，苘麻在笔柱中就容易形成一个硬疙瘩，这样的毛笔就不好用。所以，大家都不愿意用苘麻做衬垫，市场上也就买不到用苘麻做衬垫制作的毛笔了。

我从启老手中把毛笔拿过来，把毛笔头劈分开，指着其中做衬垫的苘麻和启老说："您看，这几根就是苘麻，都已经加工得像山羊毛一样细了。不过，我觉得这些毛笔中苘麻的含量少了些，如果再增加一些，笔头的健力还会更合适些。"

启老点了点头，笑着说："刚才咱说了两种毛笔的长处，咱再来个真正地吹毛求疵。"启老用嘴使劲吹了一口气，把毛笔头的披毛吹起一些来，笑着说："回去以后，把这支较小的毛笔腰部健力，再增大一点，使用的效果会更好。这支较大的毛笔，使用起来，就不太顺手。下笔的时候，锋尖和副毫的感觉还可以。可是，再按下去，还没有到笔腰的部位，就觉得有一股不太顺当的力量在反抗，你想让它写较粗的笔道，它的笔尖部位就是不愿意铺开。你如果再使劲按笔，它的腰部力量反而变小了，笔头又变形了，有时候腰部出现开裂。写字的时候，运笔的力量是逐渐增加或者减少的，不可能突然的变化。毛笔头柔性和健性的增大或者减小，过渡得要合适、要恰到好处，才能像刚才所说的那样，手中没有毛笔的感觉。如果手中的笔，总是不能随着心意走，觉得很别扭，字就写不好。就好像我们一起去完成一项任务，大家都劲往一起使，才能把事情做好。如果其中就有那么一位、二位偷懒，不愿意尽全力，或者不愿意和大家往同一个方向努力，在其中捣乱，我们的任务，就很难顺利地完成。"

　　启老说完，把两种毛笔的笔头并排着对比了一下，然后把两支毛笔递给我说："请您把这两支毛笔对比一下，这支大些的，里边一定有捣蛋鬼。您是毛笔专家，把混在里边的捣蛋鬼请出来。"启老笑着把毛笔递给我。

　　启老风趣幽默的比喻，使屋子里的气氛轻松活跃起来。我知道，启老是为了不让我难堪，才故意这样谈笑风生的。以后，和启老接触的次数多了，才知道生动活泼、诙谐幽默是启老说话的风格。其实，启老不必担心，我有足够的思想准备，准备了足够厚的脸皮，来迎接启老的批评。即使启老把我们做的毛笔说得一无是处，甚至把我骂得狗血喷头，我也高兴，我知道自己是吃几碗高粱米干饭的货。我不需要启老给毛笔打100分，能给打60分就心满意足了。启老今天给了我足够的面子，估计是60分以上了，我心里高兴得简直都不知道自己姓李了。启老啊，启老！您聪明的才智，这次可没有很好地发挥出来，您可没有看透我心里的"小九九"。我来到这里，您就是来场暴风骤雨，我也不怕，您的担心可是多余的了。

　　我拿着两支毛笔，认真地做着比较，我和启老两个头，四只眼睛，近近地围在这两支毛笔的周围，鼻子险些碰着鼻子，你一言我一语讨论起来。说到意见合拍的时候，启老再插上几句总结性的风趣句子，逗得我俩笑一会儿；说到意见分歧的地方，特别是涉及毛笔制作工艺的时候，我也敢毫不顾忌地说出我的看法，忘记了坐在面前的是全国知名的大学者、书法家，也忘记了和长辈说话应该注意的礼貌。可是，每当我率直地说出意见的时候，或者说"发毛"的时候，启老总是认真地听，有时候，脸上反而显出得意的微笑。除了讨论了这两支毛笔以外，启老又给我讲了古籍文献中有关毛笔的记载和出土的"居延笔"；介绍了日本正仓院收藏的我国唐代毛笔和日本传统制作毛笔的方法；还介绍了他自己从幼年开始，六十多年来，见到的和用过的毛笔的特性，并把其中主要的几种毛笔特性进行了比较。我真佩服启老的记忆力，已经71岁的老人了，小时候的事情还记得那么清楚。接着，启老又根据自己现在写字的需求，提出了对毛笔头不同部位的性能要求和加工方法。然后，启老又特别强调了毛笔杆的制作。启老说："做任何毛笔，都要注意节约原料。做笔杆用的竹子是天然长成的，不可能都长得那么圆，稍微扁一点也没有关系，不影响使用。笔杆扁一点，握得更牢固。太圆、太光滑的笔杆，握不住，所以不要随便把竹杆扔掉。这样做，并不只是为了省钱，还为了节约原料。更不要在笔杆上做装饰，那样做，增加了毛笔的重量，用起来不顺手，还浪费了自然资源，又提高了毛笔价格，有百害而无一利。要把真功夫用在提高毛笔头的质量上。"

　　启老稍微停了一下，喝了一口水，又接下去说："当然，有的人愿意花大价钱，要您做只好看、不好用的毛笔，装点门面，或者另有所图，您也得给他做，那就是另一回事了。不过，提出那样要求的人，毕竟是少数。"

　　启老越讲越多，越讲越高兴，声音都有些沙哑了。我看了一眼表，不知不觉地一个半小时过去了。启老刚刚从日本回家，旅途一定很累，我不能再打扰了，起身要走，启老又特别叮嘱我说："今天，我说的这些话，是我使用毛笔的感受。我对毛笔提出的要求，是从学习写字中总结出来的。我不会做毛笔，说的是外行话，肯定有不正确或者不完全的地方。您是做毛笔的专家，您厂的好多老师傅也都是专家，请您把我提出的要求，和他们商量一下，多听听老师傅的意见。"启老说完，从沙发上站起来，走进卧室，从卧室里取来两本书，双手递给我，笑着说："这是我最近出版的小册子，送给您，请您指教。"

　　我双手接过这两本书，《启功丛稿》和《诗文声律论稿》。记得在小乘巷 86 号见到启老的时候，启老就和我说过，要注意写点介绍毛笔知识的文章。今天，启老又送给我两本书，应该是在鞭策我吧！

　　接着，启老又说："我还想给您厂写幅字，说说心里话，今天是写不成了，麻烦您明天下午三点再走一趟吧。"

　　我走到门口，为了不让启老送我，我和启老说了声"再见"，就想大步往外走。没想到启老也紧跟着走到楼梯口，双手握着我的手，又鞠了一个 90 度的躬，连声说："再见、再见。"

　　第二天下午，我再次来到启老家。启老开门以后，照例是"双手紧握，90 度的躬"，这种让我局促不安的礼待方式一直延续到 2001 年。

我又坐在那个单人沙发上。启老走进卧室，取来一个卷得规规矩矩的圆纸筒，双手递给我说："我写了试用您厂毛笔的感受，是心里话，不是客套。字写得不好，请您和师傅们指教。"

我双手接过这"迟到"的墨宝，慢慢地打开，这是一幅四尺整张的"中堂"，整整齐齐地写了五行，连一行落款，共六行。我慢慢地读起来：

"仆自幼年即好书画，而功浅腕弱，必待佳毫以助笔力。顾近岁制笔多重管饰，百金之笔竟至书不成字。手腕之拙，足贻大方之笑。及得掖县笔厂所制诸品，柔健得中，管轻适手，使余秋蚓顿化春龙。因赘小言，以告同好。

一九八三年四月一日启功书于首都。"

这是我第一次捧读启老的墨宝。

常言说：内行看门道，外行看热闹。对于书法，我是门外汉，能有幸双手捧着启老的墨宝，看看热闹也是打心眼里高兴。墨宝前 5 行共 84 个字，虽然各行的字数不相等，但是，从第一行的开头到第五行的结尾，一字不多，一字不少，整整齐齐地摆满了五行，落款一行 15 个字，下边钤二枚印章，也是不多不少和前边五行配齐整，整幅墨宝的结体犹如一座坚固的方城，密不透风。再仔细拜读墨宝的每一个字，个个都写得规范稳健，又灵气十足，笔笔到位又富有变化。通幅楷书中绽出几个草书字，着实是锦上添花。我想，如果把这 99 个字的笔画，按点、撇、横、捺等单独剪开，这其中的任何一道笔画，都是一件独立的艺术作品。

从书法的角度拜读是墨宝，从文章的角度拜读，又是那么结构严谨、层次分明，既针砭了"今岁制笔多重管饰"的行业通病，又对毛笔行业提出了"柔健得中管轻适手"的要求与希望。启老的墨宝，与其说是对我厂毛笔的赞扬，不如说是指出了毛笔行业应该遵循的规则和努力的方向。

我把墨宝慢慢地折叠起来，启老又给我找来一个大信封装好，我把墨宝和两本书，小心翼翼地装进提包里，怀着又惊又喜的心情不知道该说什么，只是说了两声："谢谢您，谢谢您。"

"不谢，不谢。"启老又照例把我送到楼梯口。

回厂以后，我们把墨宝装裱好，挂在厂的接待室里，成为接待室里众多名人墨宝中，最抢眼的一幅。在紧张的工作之余，我总要挤出时间经常到接待室里去饱饱眼福。一字一句、一笔一画细细地琢磨，把墨宝的每一个字、每一道笔画都刻在脑海里。墨宝也抓住了到厂参观的宾客们的眼球，《人民日报》《经济日报》《大众日报》等多家新闻媒体都做过报道。北京荣宝斋一位负责人看到墨宝惊讶地问：你们通过什么关系求得了这件墨宝？

1986年，我离开了掖县制笔厂，就再也没见到这件墨宝。据说现在这件墨宝，因为抵债转到莱州市某单位，这是启老和我当年无法想到的。

"青山白云"诞生记

回厂以后，我重新给启老制作毛笔，这次已经是第三次制作了。常言说：三次为满，不能再有第四和第五。我给自己立下军令状，破釜沉舟，也要做出尽可能完美的毛笔。

我总结了前两次试制取得的经验，把参加评比会学到的知识和启老肯定的成绩、指出的不足结合起来；又把启老传授的我国古代毛笔、日本传统的毛笔制作方法等有关知识，做了认真的梳理；然后把这些各具特色的知识汇集在一起，我要从这个"杂烩锅"里，端出适合独具风格的"绝招菜"。思来想去，千头万绪，我悟出一个道理：前二次制作，都只是从传统工艺技术入手，精选原料、精心制作。这次，如果还按照老路走，效果不会很明显。要想有突破，要想使这次制作有质的飞跃，必须从更宽阔的范围去思考，去探索。

我国毛笔传统制作技术的传承和其他手工艺品制作技术的传承相同，都是靠师傅"口授手教"的方式传承下来的，千百年来少有改变。师傅怎么教，徒弟怎么学。但是，毛笔又和其他手工艺品不同：其他手工艺品，不论是瓷器、刺绣，还是各种雕刻品，它们的功能是做容器、做陈列品，或者其它用途。总之，它们最终功能基本是相同的、固定的，可以千篇一律，不需要随着使用者的要求发生变化而变化。而毛笔则不同，毛笔是书法绘画的工具，使用这种工具的人，艺术造诣千差万别，书画技法千变万化，他们对毛笔的功能也提出了各种各样的要求。只有弄清楚毛笔的制作工艺和性能特点与书法绘画的适应关系，才能够根据书法绘画的不同要求，制作出书法绘画者满意的毛笔。

　　但是，千百年来，由于毛笔制作技艺"口授手教"的传承方式和家庭作坊的生产组织形式，还有手工艺人社会地位低下等诸多原因，新中国成立前，好多笔工没有读过书，不识字。他们从童年开始，就跟着父辈或者师傅学做毛笔，通常称为学"手艺"。他们学的手艺是一套几乎固定不变的模式。他们凭着这套过硬的手艺，成为技术权威。1983年，轻工业部组织了全国生产规模较大的五个毛笔厂编写轻工业部毛笔标准，每个毛笔厂由厂长和一位精通毛笔技艺的老师傅参加，我有幸参加了标准的编写工作。由五个毛笔厂选派的老师傅中竟有两位不识字，有一位还是当时全国生产规模最大的毛笔厂分管技术的副厂长。他们连自己的名字都不会写，怎么会懂得书法绘画方面的知识？怎么能说清楚毛笔的制作工艺与书法绘画的关系？再用不虚心的态度为我们笔工辩解几句：笔工的任务就是做毛笔，能把每一道工序都做得"到位"，也就算完成了"使命"。再让笔工弄清楚书法绘画千变万化的技法，制作出与千变万化的技法相适应的毛笔，实在是有些强人所难，超出"工作范围"。

　　其实，不要说这些靠手艺糊口的笔工说不清楚这些事情，就是书艺流芳千古的"书圣"王羲之，撰写《笔经》的时候，也没有确切地说明千变万化的书画技法对毛笔性能的不同要求，也没有说明怎样制作的毛笔，才能满足这些要求。如王羲之《笔经》载："制笔之法，桀者居前，毳者居后，强者为刃，要者以辅，参之以苘，束之以管……"王羲之告诉我们：选取杰出的、优质的兽毛放在笔头的前部，笔尖的部位，再从其中选择出长的，又特别尖锐刚劲的兽毛做笔尖（或称为笔锋），其余短而细弱的兽毛放在毛笔头的后部（也就是通常所说的笔头腰部）；还要加入苘麻，作为重要的笔腰辅助。自王羲之之后的一千七百多年里，代代相传的笔工，都是按照这个原则制作毛笔的。但是，《笔经》所说的操作之法，只是做毛笔的原则，并没有说明各种毛笔的具体制作方法，更没有说明为什么要这样操作。倒是《文房四谱》中记载的韦仲将《笔墨方》，有一个明确的数字："青羊毛、兔毫头下二分许。然后合扁，卷令极固。"韦仲将告诉我们：制作毛笔的时候，青羊毛的长度要比兔毫的长度短二分许，但是，韦仲将也没有说明为什么要短二分许，只说其然而没说明其所以然。虽然韦仲将《笔墨方》比王羲之《笔经》多了个制笔的具体数据，有了进步。但是，他俩对于制作毛笔的技术，仍是一知半解，可能他们都没有亲自做过毛笔，或者只做过很少几种毛笔（历史文献中记载：有很多书法家自己制作毛笔），也可能魏晋时期，毛笔的品种很少，笔工只制作这样的毛笔。不过，韦仲将很聪明，因为他不能明确地判定短多少最合适，最优选，所以才在二分后面又加字个"许"字。总之，各种原料的长度和搭配比例，要根据毛笔的品种、规格和用途，还要考虑所用原料锋颖的长短和毛杆的粗细等因素来决定。要随做应变，没有固定的数据，不能像演算数学题那样，3 减 2 等于 1，放之四海而皆准。所以，王羲之和韦仲将没有把制作毛笔的工艺，用文字和确切的数据说清楚，也就不奇怪了。

正是因为随做应变的原因，笔工制作毛笔就像名庖做菜，同一条鱼，要根据食客的口味，加入不同的佐料，采用不同的技法，做成京菜、鲁菜、粤菜、川菜等不同口味的名菜；更像中医师给病人开药方，要根据"个体"的差异，在规定的范围内，适当增减各味中药的剂量，对症下药，才能把病治好。笔工只有弄明白写什么字体的字，画什么风格的画，需要选择什么原料，怎样搭配这些原料，选用怎样的生产工艺，才能制作出特点明确，与用户需要相适应的毛笔。

这也的确是道难题。虽然在我们家乡不乏制笔高手，其中有曾经是天津、长春毛笔厂的"把头"，经验丰富，技术功底扎实；还有子承父业、眼明手灵的中年技术精英，可谓群英荟萃。"水盆"师傅蒙上眼睛，拿起黄鼠狼尾在手中捋一下，就能说出产地、捕获季节、尾毛长度，还能分辨出雄性和雌性。"干作"师傅拿起一支成品毛笔，不用润开毛锋，就能判断出笔锋中有没有秃毛。把眼睛蒙起来，用手捋一下笔头，就知道笔柱修得好孬。制笔功夫十分了得。可是如果让他们说出这样的毛笔，适宜写什么样的字，作什么样的画，那就瞠目结舌说不上来了。

我从小喜欢书法，过去也曾蜻蜓点水似地临写过颜、柳、欧、赵、"二王"等名家字帖，都是"观其脸，描其面，只图好看"，没有认真地钻进去。在毛笔行业跌打滚爬了十几年，说起毛笔常识，也能够鹦鹉学舌般地凑合几句，可把毛笔和书画知识结合起来研究，却从来没有动过这个脑筋，这次可真是要"逼着鸭子上架"，认认真真地学习了。

启老靠良好的天赋和勤奋努力，广泛涉猎、博采众长，终于在我国书坛自成一家。我虽然天生不是研究学术的料，不敢妄论启老的书艺，但是，人是逼出来的，总不能因为自己面容丑陋不敢去见公婆，而丢失如意的郎君。我鼓足干劲，调动一切可以利用的资源，发扬一不怕汗颜、二不怕吹破牛皮的精神，仔细体味启老写的楷书和行书，发现启老楷书是以欧阳询的《九成宫》帖为主体，又汲取了柳公权、褚遂良、赵孟頫等名家的楷书之长。而其行书则吸收了"二王"、智永等名家的行、草书精髓。启老写的字是文人字、学者字，充满书卷气。我把启老写字的风格"合并同类项"，简化成四个字：规范、灵动。我煞费苦心地体会启老的书法艺术，并不是为了评论启老的书法艺术，只是想知道：到底写什么字体的字，需要具备什么特性的毛笔，这样的毛笔应该怎样制作。

我使用给启老制作的较小的毛笔，认真地临写启老的墨宝。临写的时候，体会从笔尖的锋颖到笔脖、再从笔脖到笔腰部位的书写感受，琢磨这三个部位的刚柔程度和过渡力度。我认为用相同的毛笔，临写大小基本相同的字，对毛笔各部位性能的要求会基本相同，可以找出它们之间的概率。然而，这和"品酒师"用"喝"的方法品酒、"美食师"用"吃"的方法品菜一样，只能是感悟，是"手感"、"心知"，不可能用数字去具体的量化出来，也难以用语言和文字清楚准确的表达。根据这些特点，我将笔头锋颖部位的尖度、笔腰部位的圆度、笔尖部位的柔性、笔腰部位的健性和这些部位之间的过渡力度，进行对比，绘制出毛笔各部位力度递进模拟图。

我又用同一支毛笔，去临写颜、柳、欧、赵等名帖，还临写了王右军《草诀歌》、智永《千字文》，临写了赵朴初、萧劳和蒋维崧先生给我厂赠题的墨宝。临写的时候，我严格按照墨宝的笔画临写，从中体会毛笔性能与各种不同字体笔画的适应性，领悟毛笔与使用者之间的配合感受，琢磨临写不同的字帖，应该怎样驾驭毛笔。我体会到：同一支毛笔，可以写不同字帖中基本类似的笔画，如：用给启老做的这种毛笔，可以写出《九成宫》《玄秘塔》那样清瘦刚劲的笔画；也可以写出《多宝塔》那样雍容雄壮的笔画；还可以写出赵孟頫、赵朴初和萧劳先生那样规范潇洒的行书笔画，关键是要求书写者在毛笔性能可以达到的范围内，运用不同的书写方法。当然，我感悟的只是点、撇、横、捺等基本笔画的形似，不涉及字的结体，更不涉及气质、韵味等知识。当我临写蒋维崧先生篆书墨宝时遇到了麻烦，不论我怎么努力，也写不出那样凝重的笔画，照着葫芦画不出瓢。我拿着毛笔，到济南山东大学拜访了蒋维崧先生。蒋老告诉我：写篆书字，要求毛笔的笔尖部位饱满，健力充足；笔腰部位粗壮有力，才能写出凝重的笔画，古朴的气韵。看来，蒋老写篆书字需要的毛笔，必须用刚健的兔箭毛为主料制作，和启老给我讲的出土的战国晚期毛笔相吻合。我给启老制作的这些毛笔，是不适宜写篆书字的。

历史上的书法大家，也是根据自己的书写要求，去定做适手的毛笔。柳公权帖云："近蒙寄笔，深慰远情，但出锋太短，伤于劲硬，所要优柔，出锋须长、择毫须细，管不在大，副切须齐，副齐则波掣有凭，管小则运动省力，毛细则点划无失，锋长则洪润自由。"[1] 这段记述告诉我们：柳公权收到笔工给他做的毛笔以后，除了表示感谢以外，还指出了毛笔出锋太短，过于刚

---

① 梁同书《笔史》

健，写不出他想表现出的优柔洪润。估计这位制笔者给柳公权制作的毛笔是用兔箭毛做成的。如果用这支毛笔写篆书一定很好用。

其实，这个道理既复杂也简单，归根结底，毛笔是一种工具。它和人们在生活、生产活动中使用的刀、斧、锤、钳等工具一样，都有一定的适用范围，都不能"一具"包打天下。例如：一位名庖拿着菜刀，可以切土豆丝、白菜片，也可以拿来切鱼片、肉丝等相同或相似的东西。如果让他拿着菜刀去劈木材，显然是不适手的，偶尔借用一次，也许还可以凑合，若长期使用会把菜刀损坏的。反过来说，如果用斧子切菜，也是同样不适手。工具是需要人去掌握的，使用者要有驾驭工具的本领。比如用同一把菜刀，切完土豆丝以后，再去切肉丝，厨师就会适当调整用力的大小。

现实生活中，一些矫枉过正的认识经常发生。我给启老制作毛笔，经新闻媒体报道以后，经常收到书画爱好者的来信，他们说：我临写启老的字体，已经有几年了，总是写得不像，请您卖给几支启老的专用毛笔。我总是真诚地回信告诉他们：启老的专用毛笔，的确有独到的特性，使用这样的毛笔写字，容易表现出启老的书法风格。但是，毛笔是工具，不是启老墨宝的复印机。如果使用启老的专用毛笔，就能写出和启老完全相同的字，那么，书法家应该是我们这些笔工，就不是启老了。

经过长时间反复试验，我坚定了这样的信念：一定要制作出满足使用者要求的毛笔，一人一笔，互不相同。工具各尽所能，用者各得其所。

启老写字规范，遵守传统。写每一道笔画，起笔和收笔都交代得清清楚楚，每一个字都有根基。这种传统的书写方式，就要求毛笔必须按照传统的工艺制作。启老写字又变化丰富，灵动俊逸，则又要求制作毛笔的时候，在遵守传统工艺的基础上有所创新。如：在启老写的同一个字中，竖画粗壮有力，横画细匀刚劲，这就要求笔尖铺开至腰部，笔毫散而不软；毛笔提起，笔锋聚而不凝。不论是笔尖铺开还是收拢，由柔至刚还是由刚至柔，都能过渡自然，顺手而行，不能有蟄手的感觉。启老还习惯用同一支毛笔写完大字再写小字，字的大小相差很大。要想达到这样的使用效果，就要求毛笔提起来以后，笔尖能很自然地收拢整齐，笔锋明显地凸显出来。这"散而不软、聚而不凝、笔锋凸显、过渡自然"，说起来容易，做起来难。想要求用一束动物毛细扎起来的毛笔头，达到"遥控指挥"一样效果，可不是件太容易的事情。不过，我坚信办法总比困难多。

　　我把小号毛笔的笔头直径增大为 9 毫米，长度仍为 40 毫米。大号毛笔的笔头直径改为 11 毫米，长度 47 毫米，又重新绘制了图纸。又根据图纸的要求重新对原料进行了筛选，确定了原料的配合比例和配置部位。通常制作毛笔的主要原料是山羊毛、黄鼠狼尾和紫毫，又根据构成毛笔头的主要原料，把毛笔分成羊毫、狼毫和紫毫。用山羊毛为主要原料做成的羊毫笔，性能柔软适手，含墨多，使用寿命长。山羊毛又分为十几个品种，制作这样长度的笔头，质量最好的是"白尖锋"。白尖锋的锋颖细润，毛杆粗壮，长度约50~60毫米。根据启老写字变化丰富的特点，我选择白尖锋为主料。但是，白尖锋也有天生的"发育不良"，细润的锋颖和毛杆之间突然增粗，缺少必要的"过渡"。另外，所谓的"毛杆粗壮"，只是对比其他品种的山羊毛而言的，一根山羊毛的毛杆毕竟是细弱的，这也正是通常所说的纯羊毫毛笔太软，缺乏必要健性的根源。黄鼠狼尾毛和紫毫的毛杆比白尖锋健挺得多，但是这二者的锋颖都不如白尖锋细润，如果选做主料，又不能满足启老写字变化丰富的要求。所以，必须以白尖锋为主料，扬其之长；在白尖锋锋颖和毛杆的连接处，佐以适量的健性辅料，克服其短。还要选用适量的苘麻配置在笔头的腰部，增强毛笔头腰部的健性和凝聚力，增加含墨量，达到吐墨均匀的效果。同时在传统生产工艺上有所创新，使笔尖尖锐，笔脖衬垫适度。

原料配置完毕，我心里仍十五只吊桶——七上八下，不敢拍板定案。于是，我把图纸和这段时间遇到的问题，写信寄给启老，请启老指教。半个月后，我收到启老的来信，启老不仅解答了我的问题，而且赞同我的设计。当时，我心里的甜蜜劲儿至今回味无穷。

接到启老回信以后，我马上组织工人制作。一支毛笔通常是由"水盆"、"干作"、"刻字"等五道工序由五位师傅合作完成。简单介绍如下：1. 水盆：把制作笔头的各种原料整理好，做成"毛坯型"笔头。2. 上笔：把晾干的毛坯型笔头根部用丝线扎紧，用胶把笔头粘在笔杆的膛里。3. 干作：把毛坯型笔头中的"秃锋毛"、"弯杆毛"等疵毛剔除，把笔尖修尖锐整齐，笔头修圆正，再用鹿角菜液把毛笔头粘贴实，捋得光、滑、圆、直，放在通风处晾干。4. 刻字：在笔杆上刻上笔名，生产厂名。5. 包装：给笔头戴上笔套，笔杆上刻的字涂上颜料，包装好。

于是，我请前两次的几位师傅为主制作人员，又另请来两位有"绝活"的师傅加盟。生产中出现问题，大家一起商量解决。例如：要改变传统的衬垫工艺，使笔尖更尖锐，更凸出，就要在笔脖的部位增加适量的健性辅料；要在白尖锋的锋颖和毛杆的连接部位增加苘麻数量，使笔腰部位更健挺，就必须从生产实践中选定苘麻配置部位，达到最优化。这些问题不可能在制作前全部判定准确清楚，只有在具体制作的过程中，靠实践、靠经验，边做边改，"摸着石头过河"，一步一步地试验着走。当然，这也正是毛笔制作的特点和奥妙。

要让这些传统技术过硬的师傅改变传统手艺，也不是一件容易的事情。"习惯成自然"，他们谁也不愿意违背师法，干着干着，不自觉地又走到老路上去。比如：按常规笔柱中衬垫的苘麻长度要比笔锋短 10 毫米左右，现在，为了增强笔脖和笔腰部位的健性，需要增加苘麻的长度，使苘麻的长度比笔锋短 8 毫米左右。苘麻加长 2 毫米，最长的达到了笔脖部位，容易造成笔脖部位臃肿和笔锋开裂，被传统技艺视为"大忌"，是制笔艺人最讨厌、最不愿意接受的。明知山有虎，偏往虎山行，我要求这些师傅去做有悖常规的事情，除了反复地说服之外，还依靠厂长的身份保证"有事我负责任"。

我敢壮着胆子说"我负责任"，也是心中有数的。在毛笔行业摔打了多年，从车间工人到供销科长，又到厂长，从亲手制作到组织产品销售和原料供应，再到组织生产、管理企业，在长期的实践中，我认识到：毛笔或者说所有的手工艺品生产，要想生产出质量顶尖的产品，靠流水线的生产组织方式是不行的，流水线的生产方式充其量只能生产出大路货，或者说较好的大路货。质量顶尖的产品必须由一位或几位身怀绝技的师傅单独制作。实际上真正质量顶尖的手工艺品，都是靠这种"小灶"制作出来的。

两种毛笔都做好后，我便模仿启老的用笔习惯和书写特点，反复试用，像品酒师、美食家一样，仔细地品味，反复地揣摩。经过近两个月的努力，几次改进，终于制作出比较满意的两种毛笔。这时，我突然想到应该请启老为毛笔起个"名字"。于是，我给启老写信，请他给毛笔命名。启老回信拟出了十一个笔名，任我选择。其中第一个是"青山白云"。我想：启老把这个笔名放在首位，一定是最喜欢这个名字，我理应选用。至于启老的立意，我没有再向启老请教，是因为笔杆是"青"色，笔头是"白"色，还是青山常在、白云纯洁？还是启老另有寓意？我不得而知，这也已经成为一个永远解不开的谜了。

这次我心中十分踏实地把两种毛笔，每种选择了十支，给启老寄去，具体的日期记不清楚了，大约临近1984年元旦了。很遗憾至今只找到一支原创小号青山白云。

1984年春，我来到北京，顺便去拜访启老。启老见到我十分高兴，双手握着我的手笑着说："您寄的毛笔，我收到了。真好用！真好用，我平时练字的时候，都舍不得用。"

"您可别舍不得用，"我说："您尽管用，您用多少，我做多少。"

"您和厂里的师傅，真是毛笔专家，名不虚传。您做的这三次毛笔，一次比一次好用，越做越好，都说世上的事情，没有十全十美，我说这些毛笔，不算十全十美，也算九点九九。"

"这不全是我们的功劳，"听到启老的夸奖，我高兴地笑着说："这些毛笔，是按照您的要求制作的，笔名也是您起的，您是总工程师，我们只是在您的指导下去干了点活，没有什么大功。咱们来个三七开，您七我们三。"启老也哈哈地笑起来。

稍微停了一下，我接着说："现在，市场上销售的毛笔很混乱，同一个笔名的毛笔，有很多厂家生产，质量差别很大，比如'叶筋笔'，过去是李福寿先生的名牌产品，是主要用于绘画的狼毫笔。可是，现在有很多厂家生产的'叶筋笔'，是用山羊毛染成黄色做成的。"

"是、是。"启老点了点头，"这样很不好，把毛笔品种搅乱了。"

"咱可不能让他们给搅乱了。"我一脸严肃地说："这是您的专用毛笔，以后就按照这个样子制作，不让他们掺和，咱得想个办法。"我稍微停了一会儿，说："其实这也很简单，只要我不把这种毛笔拿到市场上去卖就行了。"

启老听我说完，没有再说什么，我马上又重复了一遍："好！咱就这样定下来，'青山白云'毛笔是您的专用毛笔，我不拿到市场上销售。过去，在毛笔行业中，有句玩笑话说：'笔是一把毛，神仙摸不着'。意思是说构成毛笔头的原料很复杂，黄鼠狼尾毛、山羊毛、山兔毛等各种毛混合在一起，就是神仙也分辨不清楚，咱就来个不到市场卖，神仙买不着。"

启老也十分开心地笑起来，说："这些青山白云毛笔，都很好用，特别是2号笔，写字能大能小。我平常出去写字，只带着这一支毛笔，就能顶一阵了好的。我写几个大字给您看看。"

启老站起来，走进卧室，取出一支2号青山白云笔，放在水杯里浸泡了一会儿，把水挤净，把笔头轻轻地捋整齐，对我说："您看这笔做得多好！笔锋尖锐整齐。毛笔如果没有尖锋，就写不出规范的笔道，最讨厌。"启老又指着笔锋下边大约8毫米的位置说："这里做的也真好！不胖不瘦，使用起来真得劲。这个地方也很要紧，太瘦了，写起字来，没劲；太粗了，又别扭，不听使唤。"

启老把书案上的东西往一起收拾了一下，拿来毡垫铺在书桌上，把纸铺好，笔蘸上墨，轻松自如地写起来。每当写出一道得意的笔画，口中就念叨："这笔多好用，这笔多好用！您看这一笔，笔锋不尖锐是写不出来的……"我呆呆地站在那里，启老夸奖毛笔的话，只是从我耳边掠过，倒是启老那轻松随意的书写，令我十分震惊，也十分陶醉，这是我第一次亲眼看见启老写字，与我想象中的形象截然不同。我原本想象启老写字的时候，一定是紧握笔杆，胳膊高悬，屏住气，眼睛凝视，手臂上下左右翻舞，才能写出那样刚劲的笔画，才能写出那样灵动的变化。没想到启老写字，竟像学生平常写作业一样，轻松自然。好像不是拿着毛笔，而是拿着圆珠笔或者铅笔在写字。启老也不是在创作，用他的话说："是完成写字课的作业。"

观书记

　　看启老写字，使我对一些长期迷惑不解的书法理论知识有了清楚的认识，找到了答案，心底豁然开朗，也奠定了我学习书法的基础。我把欣赏启老写字的几点体会记在这里：

　　我开始学习写毛笔字的时候，没读过什么书法理论书籍，只是拿起毛笔来就写，别人怎么写，我就怎么仿。以后，为了提高理论知识，就读了一些介绍书法知识的书。这些书都是从握笔、下笔、运笔讲起，内容大同小异。其中的一些理论知识和运笔技法，有的读不懂，不知所云；有的在书写的时候，做不到，做不好，不知所措。比如：书上要求握笔要"大拇指、食指、中指三指紧握，指实掌虚；笔杆垂直，和纸成直角"。这里所说的三指紧握笔杆，勉强可以做到，只是不能写得时间太长，写的时间长了，手指累得受不了。而笔杆和纸垂直，写小楷字的时候，还勉强可以做到，如果写对联，写大字，或者站着往墙壁上写标语口号，写语录，就难以做到了。通常写字的时候，笔杆总要向手臂方向倾斜，毛笔尖与纸在手臂方向形成的夹角肯定是锐角。更无法做到的是下笔、运笔和收笔的技法，比如：写横画的时候，书上要求"藏锋下笔，逆锋向上，转锋向下，再向右运笔，然后再回锋收笔。"这套"动作要领"，适用于点、撇、竖等所有笔画。不论写什么笔画，笔锋都要按这样的轨迹运行： 。这样的笔锋运行轨迹，在开始学习写基本笔画，练习基本功的时候，还可勉强遵行，不过就是写得慢些，平常写字的时候便难以做到了。我在没有目睹一些书法名家写字以前，心里一直迷惑不解，思来想去，最后想出的答案是——家乡写字的长辈太"土"，没受过专业教育，不懂得专业知识。本人也是土生土长的乡下人，没有能力达到这样的"专业"要求，也就随心所欲的"土"写了。

我第一次看见名家写字是董寿平先生。董老写字和家乡的那些"土"长辈一样，提笔就写，随随便便，既不"笔杆垂直"，又不"藏锋下笔"。以后，我又相继目睹了徐之谦先生、舒同先生和赵朴初先生等名家写字，他们也和董老一样，提笔就写，直来直去，没有任何清规戒律。这就使我糊涂了，我开始对书上的那些个理论产生了怀疑，"信任"产生了动摇。这次亲眼看着启老写字，"耳听为虚，眼见为实"，完全澄清了从前的混沌认识，茅塞顿开，再也不觉得家乡的长辈"土"了，理直气壮地相信自己，可以这样写，应该这样写。

握笔：书上说握笔要"三指紧握，指实掌虚，笔锋与纸垂直"。启老也是用"三指"握住笔杆，无名指和小指自然地弯曲，无名指托住笔杆，这样握笔的方法，和书上说的相同。不同的是启老握笔很随便，很轻松，不是"紧握"，而是"轻捏"，笔杆也没有和纸垂直，而是很自然的向手臂方向倾斜。笔杆在手中的倾斜角度，随着所写笔画的变化而变化，没有固定的倾斜度数。

蘸墨：书上说蘸墨应该蘸毛笔头长度的二分之一，或者三分之一。启老蘸墨更随便，没有任何"规定"，根据所写字的大小，需要蘸多少就蘸多少。开始写大字的时候，蘸墨就多，一般蘸笔头长度的三分之二。落款写小字的时候，只把笔尖部分蘸点墨就行了。我觉得启老写字的时候，毛笔蘸墨的"量"，比我见到的大部分书法名家蘸墨的"量"偏少。笔头蘸墨以后，启老总要把笔头在"砚堂"边上把笔头顺几下，调整一下笔头中的墨量，也可以使笔毛更直顺、踏实。所以，启老写出的第一个字，笔画上的"墨量"往往并不多，一般不需要再马上用废宣纸去吸一下墨。我还发现启老写字很会用墨，很"节约"墨。蘸一次墨，写出几个字来以后，我认为笔头上的墨已经不够再写下一个字了，应该蘸墨了，启老却往往不去蘸墨，而是把手中的笔杆稍微转一下，利用写完上一个字提起笔来以后，笔尖呈现出的不完全圆正的"状态"来"顺势利用"，再写出一个字，或再写出几个字来。这样写出的字，笔画会显得稍微细些，墨量也显得少些，往往显出"飞白"笔画，倒使整幅作品更灵动、更活、更美。

　　下笔、运笔和收笔：这是我最注意的环节，因为这是长期困扰我的大难题。启老把毛笔蘸上墨，把笔头顺好，笔尖着纸以后，利用自己扎实的基本功，毛笔的"锋尖"很自然地显现在每一道笔画的"首位"，凸显出通常所说的"露锋"，或者通俗一点说显出每一道笔画"首部"的"尖"，如： 。这个"尖"是直接下笔用笔锋写出来的，不是靠"藏锋落笔，逆锋向上"，然后再转动笔锋"转"出来的，与所谓的"藏锋""逆锋"相对立，这些笔画的"尖"部都应该称为用笔尖直接着纸"露锋"写出来的。接下去就顺手运笔，写横画就"横向运笔"，写竖画就"向下运笔"，写出自己认为适当的长度，或合适的部位，顺势把笔收起，随随便便，顺手而收，没有刻意地再去转动笔锋收笔。一些书法理论著作中介绍的"藏锋落笔、逆锋向上、转锋向下、回锋收笔"等等要诀，必须遵循的下笔、运笔、收笔轨迹，在启老笔下，一笔也没有。如果把一些书法理论著作介绍的运笔技法称为"藏锋落笔"，那么启老的运笔技法就该称为"露锋下笔，顺势而行"。当然，由于启老的基本功扎实，看起来似乎随随便便的下笔、运笔和收笔，写出来的每一道笔画也都是那样准确、结成的每一个字都是那样美，这是启老深厚书法艺术造诣的结晶，而不是"藏锋落笔……"那套运笔规则的功劳。

悬臂和悬腕：书上要求写字要"悬臂"和"悬腕"，也就是说无论写大字还是小字都要悬腕，才能把字写好，平时要注意锻炼臂力。按照我的理解认为，写大字应该悬臂或者悬腕去写，而写很小的字，还是坐着把胳臂和手腕都"平放"在桌面上，写起来方便、舒服，写出来的笔画比较准确，字也写得比较好些。但是，这不符合要求。受这些因循相传的理论困扰的不只是我，还有许多学习书法的同行们。我认识一位在青岛某银行工作的朋友，酷爱书法、学习精神着实让人佩服，可谓"夏练三伏、冬练三九"，从不间断。他让我做了一支大毛笔，笔杆长半米，用铜管做成。他每天拿着这支加重的毛笔到广场上写字，锻炼臂力。这样锻炼臂力的方法是否恰当，是否有必要，确实还需要再推敲。我以为总不能要求学习写毛笔字的人，都必须获得举重运动健将的证书。启老这次是坐在椅子上写的，手腕和手臂相应地悬起。写稍微小些的字，胳膊肘依附在桌面上，只是把手腕悬起。有时候手腕也不悬起，很自然地的放在桌面上。写出一个字，把纸向前挪一下，挪到适当的位置，再继续写。一切都顺其自然。

描字：家乡有句谚语："字是狗，越描越丑"。所以，不论是哪位长者教我写字的时候，都着重强调这句话。意思是说笔画写出来以后，不论有什么不足的地方，都不能再用笔去"描"，要一挥而就。我牢牢地记住：描字是写字的大忌，无论如何也不能再重新"回笔"去描。没想到启老描字着实让我大吃一惊。启老每写完一个字，提起笔，都要稍微停一下，也可能启老正在仔细地"审查"一下这个字，然后再继续写。有时候，写完一个字，还会随手把某一道笔画去描一下，准确地说应该称为"修"一下。启老修的地方主要有两个部位：一是笔画"首部"没有凸显出来的通常称为"露锋"的"锋尖"，如：横划的"锋尖"，竖画的"锋尖"；二是某道笔画中出现"飞白"过多的地方，把这些飞白修一下，让飞白消失一些。当然，凭着启老的基本功，就是把眼睛蒙起来写字，也能把笔画基本写准确，不会出现太大的失误，不需要去把写得弯曲的笔画描直，不需要用描的办法去校正字的笔画结构。

第一次看到启老描字，觉得很惊奇，心里很不理解。以后看的次数多了，知道这不是偶然现象，是启老习以为常的事情。我也慢慢地琢磨出了其中的道理：书法家是人，书法大师也是人，不是神仙，谁也不敢保证百分之百的笔笔到位。万无一失只是理想，是奋斗的目标，我相信神仙也不敢保证做到。更何况毛笔不是钢笔，不是圆珠笔，笔尖不会永远凸出和坚挺。毛笔的"笔尖"是用"毛"做成的，相对柔软。特别是写出一道笔画，再写另一道笔画的时候，笔锋不可能随手收拢到原来那样尖锐整齐。再说毛笔使用了一段时间以后，笔锋总会磨秃一些，总会有一些损伤，书写者也不可能每次写字都用新毛笔，实际上用过几次的毛笔使用起来更顺手，笔头更踏实。所以，写字的时候，有时候就写不出笔画"首部"的尖锋，显示不出笔画"露锋"的灵气。当写完这个字的时候，发现有写得不理想的地方，马上用笔去描一下，修一下，把笔画修得尽量完美一些，只是举手之劳的事。刚刚写出来的字，马上回笔去修，修的地方墨色有原来笔画的墨色，因而不会出现明显的差别。只要修的位置准确，恰到好处，是看不出修的痕迹的。当然，如果没有特殊目的，谁也不会也没必要用显微镜去观察每一道笔画是否修过。话又说回来，即使观察出来笔画修过，又有何妨？

描字，或者称为修字，我想主要需要具备两个条件：一是"敢"，二是"会"。长期以来，描字是书写的大忌，是书法艺术水平低劣的表现。一些初学书法的爱好者，谁也不敢违犯这个规则。而对于一些书法名家，则更是损害形象、影响声望的大事，谁也不敢越雷池一步。当然，由于书法名家书法艺术功底扎实，写每一个字，每一道笔画都是轻车熟路，一般不会出现"败笔"。即使万一出现一点瑕疵，为了保住"面子"，也不去描，也不去修。也可能"名家"本来就不知道哪道笔画有"病"，或者认为有点"病"也无妨，把眼皮一闭过去算了，何必要和自己过不去。所以，我们这些学习书法的人就看不到"名家"的描字和修字了。启老治学严谨，一贯要求写出的笔画要准确，字的结构要正确，一丝不苟，所以敢于或者愿意去描字、去修字，这也就非启老莫属了。

像我这样幸运，有机会当面欣赏、学习启老写字的书法爱好者毕竟是少之又少，数以万计的书法爱好者没有这个机会。当他们从一些影视资料中看到启老描字的时候，也一定会像我一样十分惊奇，简直不可思议，甚至不相信自己的眼睛，是不是自己看错了，或者怀疑这些影视资料是假货。有好多朋友曾经给我打电话，询问这件事。我告诉朋友，启老描字、修字是家常饭，没有什么稀奇。朋友们也说：看来，也只有启老不顾面子，破除迷信，敢于描字修字，去争取完美。

　　敢描字，更要会描字，只有胸有成竹，知道那一道笔画有病，需要怎样修整，才敢去描、去修，才能把字修好，修得天衣无缝。如果说敢描字需要勇气，那么会描字需要本领。我想：那些把字形容成"狗"，越描越丑的人，是因为没有掌握描字的技术和本领，才把字描丑的。如果能把写得不十分完美的笔画和字描好修美，举手之劳之事，事半功倍之果，何乐而不为呢！

《中国毛笔》出炉记

"初中生怕什么，我中学还没毕业呢！"启老和我说的这句话，14个字，一字不差，字字都永远扎在我的心里，就是这句话，改写了我的经历，改变了我的人生轨迹。这要从我闯进小乘巷说起：

我闯进小乘巷，第一次见到启老的时候，启老曾语重心长地对我说，不但要把毛笔做好，还要注意写点介绍毛笔知识的文章。启老对毛笔事业的关心，对我寄予的厚望，是可以理解的。但是，他哪能想到，站在面前的这个34岁的农村青年，是在1958"大跃进"的高潮中走进学校，参加了一年"大炼钢铁"，两年"勤工俭学，节约度荒"，凑合了三年的初中毕业生。虽然我也有梦想，也有满肚子的委屈和渴望。但是，第一次和启老见面，我不能诉说文化水平低的苦衷，只有默默地红着脸低下头。

就在我盲闯小乘巷的前两个月，轻工业部组织的第一次全国毛笔质量评比会在北京举行，我当时在厂任供销科长，没有参加评比会。我厂参加评比会的同志回去后，告诉我这样一件事：国家科委主任方毅同志去日本访问，日本朋友知道他喜欢书法，为他精心制作了毛笔，还送给他一册日本出版的介绍毛笔知识的书。看到这些礼品，方毅主任十分动容。因为他清楚地知道，毛笔是我们的祖先发明的，直到唐朝才传到日本。但是，我国至今还没有出版过系统的介绍毛笔知识的专著，日本却已经出版。回国后，方毅主任找到轻工业部的领导，拍着桌子严厉地说："一定要写出我们自己的毛笔专著，造出一毛不掉的毛笔。"

遵照方毅主任的指示，轻工业部领导马上组织全国毛笔质量评比会，全面调查我国毛笔的生产现状后，提出了改进与提高的意见。同时组织当时生产规模较大的几个毛笔厂，组成毛笔专著编写小组。我厂是名不见经传的社办企业，这份重任自然不会落到我厂的肩上。尽管讲者无意，但听者有心。我听说此事后，心里久久不能平静，萌生了写书的冲动。

1981年，我升任厂长，出席了轻工业部在武汉召开的全国第二次毛笔质量评比会预备会议。会上，轻工业部领导再次要求各厂组织力量，编写毛笔专著。晚上，主持会议的领导杜世铎先生来到我住的房间，用他那略带沙哑的声音说："兆志，你是这次入会的厂长中最年轻的。听你的发言，很有文才，又是做笔工人出身，熟悉制作工艺。回去后，要横下心来，发挥你的优势，写出我们自己的毛笔专著，为祖国争光。"

"很有文才""为祖国争光"，领导掷地有声的几句话，又一次狠狠地压在我委屈与渴望的神经上。"很有文才""为祖国争光"，多么熟悉的九个字，在学校读书的时候老师也经常这样对我说。离开学校20年了，"文才"早已随着汗水滴进黄土地，"为祖国争光"也早已深深地沉到了心底。

我呆呆地坐在那儿，脸上火辣辣的滚烫，一言不发。领导两眼死死地盯着我，企盼着我说句话，却没有盼到我说出一个字，他哪里知道我心里的创伤。过了足足有五分钟，我俩谁也没有再说话，领导实在摸不着头脑了，可能想缓和一下气氛，亲切地问我："小李，您是哪个学校毕业的？""初中。""啊，初中？"领导十分惊讶地脱口而出。

我实在控制不住自己，眼睛里噙满了泪水，走进了卫生间。领导更被我蒙进了鼓里，站起来，在房间里踱来踱去。等我回到房间，他好像意识到什么，拐弯抹角，终于掏出了我心中的委屈：

1946年，我出生于山东省掖县朱桥镇紫罗后李家村一个比较富裕的家庭，家中的住房是全村最好的青砖灰瓦四合院，还有九亩半土地，这些产业都是祖父置下的。祖父小时候家里很穷。后来，祖父讨着饭吃闯关东，哈尔滨、绥芬河、双城子①，颠沛流离，闯到崴子②。为了节省租金，祖父租了一匹瞎马，用自己高大的身躯，和瞎马一起拉大车。祖父凭着勤劳、真诚和智慧，赢得了东家的赏识。祖父还会中医秘方"打灵药"，正巧东家的太太乳房生恶疮，久治无效，流脓不止。祖父就用家乡传承的秘方"灵药"，给她把病治好。东家感恩不尽，借钱给祖父，办起了自己的企业，取名"双源盛"。"双源盛"鼎盛时期，在崴子和双城子一带，拥有货栈、面粉加工、木材加工、火力发电等七家企业。

祖父做事坚守"受人滴水之恩，当以涌泉相报"这条中华古训，发财以后，十分愿意帮助别人，好多乡亲闯到崴子，暂时找不到活干，就到祖父那里吃住，账房先生十分厌烦地说："今天又多了两个吃饭的。"祖父总是把大腿一拍，用粗犷的声音，

---

① 现为俄罗斯乌苏里斯克。
② 也称海参崴，现为俄罗斯符拉迪沃斯托克。

十分豪爽地笑着说："嘿，吃吧！一个人一个月，有两袋面，够他吃的。面粉厂里，有的是面。"

时间久了，乡亲们给"双源盛"送了个绰号叫"饭店"，乡亲们只要说到"饭店"，就知道是指"双源盛"。后来，据说因为战乱和民族歧视等原因，祖父只身逃出崴子，返回老家。他去世早，我没有见过祖父。

父亲耕种着土地，又做些生意，家中生活过得很殷实。土地改革时期，家里土地不是很多，据说也因为人缘好，家庭成分定为老中农。

可能是当时结婚讲究门当户对的缘故吧，我的"社会关系"中，外祖母、姑母、姨母的家庭成分，有四家是地主，有的还兼资本家，另有一家富农，一家中农。外祖父王鉴曾，是朱桥镇一带的名士，崇尚教育，据《四续掖县志》记载："朱桥民国八年设第四县立高等小学，校长王鉴曾。该校校舍由王鉴曾等募捐建成。"我没有见过外祖父。确切地说，这四家地主成分的亲戚，他们有的早赴冥府，有的闯关东，赴京城，我一个也没有见过。谁想到，就是这些我素未谋面的亲友，却改变了我的人生轨迹。

母亲小时候，在外祖父创办的学校里读了五年书，这在当时是非常罕见的。我年幼时，十分淘气，倒是很喜欢识字和读书。每当母亲教哥哥识字的时候，我总要凑上去打搅，非让母亲先教会我不可。村里有所初级小学，哥哥去上学，我也吵闹着要去上学。母亲被我闹得实在没有办法，只好和学校的老师商量，让我也去试一下，当时，我还不足 6 岁。建国初期，孩子们上学都比较晚，所以，我从小学读到初中，没遇到一个和我同龄的同学，一般都比我大三四岁，比我大六七岁的也屡见不鲜。

无心插柳柳成荫。没想到我一蹴而就，顺利地读完四年初级小学，以全班第一名的成绩考入高级小学。后来一路顺风，又考上掖县第六中学读初中。当时，能考上初中，在我们那样的小村里，也算是有出息的孩子。

有心栽花花无果。1961 年，我初中毕业考高中的时候意外落榜。老师私下里安慰我：回家以后，要安心农业生产。据说是因为"政治审查"不合格才落榜，不要过分责难自己。实际上到底是什么原因落榜，我至今也不知道，这成为我今生解不开，也没必要再去解开的谜了。我唯一知道的是：同学们离开学校的时候都发给了毕业证书，唯有我的毕业证书找不到了。我离开学校时，没有发给我毕业证书。等到第二年秋季又录取新生的时候，据说学校才从县教育局把我的毕业证书找回来，找人捎给我。

大学梦破灭了，当科学家，当作家的少年狂梦也烟消云散。回到了压根就没想再回来的黄土地，我还不足 15 岁。

回家以后，我弱小的身体投入到伟大的事业中——改天换地学大寨。修水渠、打炮眼、推石头、大搞农田基本建设，在努力改造客观世界的同时，也努力改造主观世界。白天劳动了一天，晚上还要拖着疲惫的身子，站在村办夜校的讲台上，扫除爷爷、奶奶、叔叔这些比我高出一头的文盲。中午也不能休息，顶着炎炎烈日，迎着凛冽寒风，编写黑板报，抄写那些花样翻新的标语口号和语录板。幼稚的童心里，千遍万遍地吟诵"出身不可以选择，道路可以选择"的经典语录，力争把自己改造成合格的社会主义新人。但是，命运总是这么捉弄人，奖状、锦旗、先进等荣誉被别人上台捧走，成为他们提升、调干、离开黄土地的资本。我却依然年复一年地折磨着自己，继续在广阔天地里争取有点作为。如果也来个"精神胜利法"，则是我从中获得了一手"漂亮"的粉笔字、毛笔字，成为我村和附近青年中首屈一指的"书法家"。17 岁，我就写对联拿到集市上去卖。

当然，我也有十分甜蜜的时刻：我终于考上高中，坐在宽敞明亮的教室里，和同学们一起学习，一起复习功课准备高考……然而这却是一枕黄粱。恨苍天赐给我的甜蜜时刻，只有短短的一瞬，醒来后，泪水浸湿了半个枕头。直到现在，离开学校已经40 多年了，我已经年逾花甲，有时还在做上学梦，醒后泪水照样湿枕头。上学梦啊上学梦，你还要做到何时呢！

常言说："福无双至，祸不单行"，我世界观的改造还没有达到要求，"文革"开始了，一夜之间，我家成了"漏网地主"。看来，我的改造也必定改为"无期"了。

"祸兮福之所倚，福兮之祸之所伏"，感谢先哲老子对祸与福的精辟论述。允许我不准确的借用一次先哲的名言，文化大革命给国家带来弥天大祸，却给我们家乡传统的毛笔产业带来大福。"一个枪杆子，一个笔杆子，保卫政权需要二杆子"的标语铺天盖地，口号声震耳欲聋。把一支用竹子和兽毛做成的毛笔和政权联在一起，受到如此的推崇，享受如此的殊荣，恐怕是我们的先民创始毛笔的时候，连想也不敢想的。一夜之间，各村毛笔厂多少年来积压的毛笔被抢购一空，换回大把大把的钞票，实实在在地发了一笔"国难"财。全国各地的采购员住在各个毛笔厂里等货，他们还要给毛笔厂送锦旗，感谢对革命工作的支持。而对于我来说，祸至，福也临了。

眼看着邻村毛笔厂都发了财，1966 年秋天，我村也办起了毛笔厂。我村只有一位"干作"老师傅，又从邻村请来一位

"水盆"老师傅，再从全村6个生产队中，每个生产队选调一位家庭出身好、政治可靠、作风正派的青年作学徒工。真是"无巧不成书"，天下的事情总有凑巧的时候。别的生产队合格人选足有十几名，唯独我们生产队没有合格的人选，造成空位。一个多月过去了，毛笔厂做出了产品。可是，两位老师傅不会在毛笔杆上刻字的技术，笔杆刻不上字，毛笔就不能算作产品，没有商业价值。学习刻字的基础是要能把字写好，而我是全村最合适的人选。几经周折，我终于被调入村毛笔厂当上刻字工。

这真是感谢命运之神的眷顾。如果我不是小有名气的"书法家"；如果我能继续读书……也就不会造就我的毛笔人生。我国很多传统工艺品的制作技术都是以"父传子"的传承方式延续下来的，因而造就了很多"世家"，好多朋友都认为我也是出身于"毛笔世家"。可他们哪里知道，我在二十岁以前，从没见过制作毛笔的过程，更不知道制笔工艺。我完全是那个特殊年代造就的笔工。

我十分珍惜这个来之不易的机会，二位老师傅不能教我，我就到邻村毛笔厂学习，仅仅用了10天，我就学会了通常需要一个月才能掌握的技术，受到两位老师傅的表扬。这样我正式上任，能够在毛笔杆上刻字了，较好地完成了生产任务。

天有不测风云。我进入毛笔厂仅仅一个月，文化大革命高歌猛进，向纵深发展。造反派夺权清理阶级队伍，我被勒令马上退出毛笔厂。幸好两位老师傅和全体师兄弟的保护，他们谎称生产需要，让我拖到春节放假才离开毛笔厂的。我入毛笔厂到离开总计53天。就是这短短的53天中，我基本掌握了毛笔杆的刻字技术，从而奠定了我毛笔人生的基础。

阶级斗争的大棒一次又一次向我劈头盖脸地打来，但是它没有打倒年仅20岁的我，反而使我变得更加坚强。一位手握村领导大权的造反派头头，让我去抄写大字报，我拂袖而去，不侍候他们，看他们能把我怎么样！俗话说"鬼怕恶人"，我的执拗和偏强，他们也无可奈何，倒使我有了比较多的时间继续自学刻字技术。后来，村毛笔厂一直没有找到刻字工，只好再次让我到毛笔厂工作。经过几年的磨砺，我终于熟练地掌握了刻字技术，在同行业中崭露头角。

1974年9月，公社毛笔刷子厂到各村选拔刻字工，我又被选调到公社厂当上刻字工。后来，随着政治桎梏的解除，6年里，我由工人、业务员、供销科长，又登上了厂长的"宝座"。

在长达一个多小时的谈话中，我把肚子里20年的委屈统统倒了出来。杜世铎先生随着我的讲述而眼睛湿润，又随着我的喜悦而眼神发光，他沉默了一会儿，站起来，踱了几步，温和地说："小李啊！过去的事情已经过去了，不要总是憋在肚子里。像你一样，受家庭出身等政治问题影响的人有很多很多，你是很幸运的，现在才35岁，正是年富力强的时候，又逢上改革开放、政通人和的美好时代，要把过去的委屈扔掉，把自己的聪明才能发挥出来。现在，面对本职工作，就首先要把你厂的毛笔质量抓上去，生产出国内乃至国际一流质量的毛笔。再就是要写出我们自己的毛笔专著，这就是最现实的热爱祖国、为祖国争光！"后来我才知道，他也曾经受到家庭出身的连累。

不知不觉两个小时过去了，送走了杜先生，我一点睡意也没有。躺在床上，两眼盯着繁花装饰的天花板和花灯，思绪恍惚：此刻，我仿佛不是躺在偌大的武汉饭店的软床上，而是在举着少先队旗，系着红领巾，唱着《我们的田野》；是穿着破棉袄，蜷缩在用玉米秸扎成的工棚里，望着被呼啸的西北风无情撕扯的"农业学大寨"红旗，旗杆上挂的马灯跳跃着点点昏黄；是坐在12磅大铁锤的木把上，背倚着"掖县赵家水库"输水渠石壁犬牙交错的尖石，进入甜蜜的梦乡；是我终于考上高中，坐在教室里，我的初中同桌在这里、班长在这里、参加学校数学竞赛的同学几乎都在这里。我又一次享受了只有睡梦中才有的幸福。不过，这次我没有睡，真的没有睡，眼泪顺着眼角淌下来，洒落在枕头上。我从床上爬起来，走到窗前，窗外是万家灯火，群星闪烁，黄鹤一去不复返，惟见长江天际流。

逝者如斯夫，20年过去了。现在，我的初中同桌已经站在大学的讲台上，数学竞赛对手已是高级工程师。而我呢？可怜的一张初中毕业证书早已被我撕得粉碎。三年初中时光，我不敢说比他们略胜一筹，起码也是和他们并驾齐驱！毕业典礼会上，我们约定：30年后再相会！我还有脸和他们再见面吗？

"有脸再相会！"认输不是我天生的秉性，我个人不能认输，祖国更不能认输。小英雄雨来在生死关头仍然不忘："我们是中国人，我们爱自己的祖国！"我也曾经举着拳头，千遍万遍地这样宣誓啊！不能再怨天尤人，不能再沉沦颓废，一定要写出我们自己的毛笔专著，献给自己，献给伟大的祖国！

事情想起来容易，做起来可不容易。当时的景况是：厂里，我肩负重担，是有300多名专职工人、还负责统筹组织40多个村办毛笔厂的厂长，不论是产量、产值还是销售额，在全国同行业中都名列前茅；家里，我还承包着7亩多地，两个孩子，大的6岁，小的两岁。每周上班6天，每天都忙得焦头烂额，加班加点更是家常便饭。星期天还要下地干活，不用说动笔去写，就是连想的时间也没有。毛笔是手工做成的，习惯了倒也顺手。可是，想用确切的文字记录下来，却十分困难，总是词不达意。何况全国各地毛笔厂的生产工艺又大不相同，甚至生产工具、工序名称等都不相同。如："干作"工序，就有"干作"、"旱作"、"修笔"、"修捋"等名称，目的都相同，都是把毛笔头粘在笔杆腔里，再修好、捋好。最大的困难是撰写毛笔的发展史，要查阅大量的历史资料。我没进过图书馆，不知道怎样查阅资料。要想在那浩如烟海的历史文库中，查阅出比较系统全面的文献资料，就我居住在农村的条件和能力，是不可想象的。面对艰难的现实，我茫无头绪，简直是"老虎咬天——无法下口了"。两年过去了，我连个提纲也没拟出来，不知道该从哪里下手，只是零零星星地记录了制作狼毫毛笔的原料和工艺卡片。

1983 年 3 月 28 日下午，我拜访启老的时候，吞吞吐吐地说出了自己想撰写毛笔专著的想法，请启老指教。启老停顿了一下，告诉我：撰写这样的文章，应该从创始发展、原料、制作工艺、使用特点等方面入手。特别强调搜集资料要尽可能的全面、翔实，不能有虚假与牵强。引用历史资料要准确，并且要标明出处。立足点要高，不要局限于一市一地，要从全盘考虑，您熟悉的毛笔品种要写出来，您不太熟悉的毛笔品种，要通过调查、学习，把传统工艺弄明白以后，也要写出来。学术是"公器"，要经得起大家的检验。

启老一席话，使我胜读十年书。回厂后，我拟出了编写提纲，又选择其中比较熟悉的部分试着写了一篇短文。但是，心里总是觉得摸不着根底。特别是从某本刊物上读到"发为柱，毫为披"的句子，不知道怎样去核实原文的出处。于是利用给启老寄毛笔图纸的机会，顺便把短文附上，向他请教。启老回信告知：史料可查《文房四谱》。启老还对我短文中一些不妥当的地方，提出了修改意见。我又对短文进行了修改，这篇短文实际成为我的拙作《中国毛笔》的雏形。

又是一年过去了，我把查阅到的资料都做成卡片，卡片积了厚厚的一大摞。但是，有关毛笔创始与发展的史料和湖笔羊毫、紫毫笔的资料，却寥寥无几。我曾经几次试图把熟悉的狼毫毛笔资料卡片汇集起来，写成完整的篇章，但都没有做好。因为传统生产工艺所用的方言和土语，难以选择正确的术语。一个简单的操作，写了很长一段文字，还是说不明白。我最熟悉的狼毫毛笔都写不出来，那些我不熟悉的毛笔品种和几千年的毛笔创始发展史，就更甭提了，真是应验了家乡的一句俗话："没有弯弯肚子，别吞镰刀头子。"看来这个弯弯的镰刀头子，不是我这个只读过 3 年初中，又荒废了 20 余年的农民应该去吞的，在武汉饭店鼓起的勇气，撒去一大半了。

1984 年 10 月，我借去广州参加交易会在北京转乘飞机的机会，又一次来到启老家。没等我开口，启老就问起我文章的撰写情况。一年半过去了，启老还惦记着这件事，看来启老是特别看重写文章的。我羞羞答答地实在说不出口，不知是为了找借口掩饰自己，还是对自我"恨铁不成钢"，我不由自主地说出了自己读书的坎坷、学艺的艰难。启老默默地听着，脸上的表情时而严肃，时而凝重，听得十分专注。当我说到文字功底太差，只是初中毕业生的时候，启老却猛地两眼一瞪，用我从来没有听到过的声音，似乎是高叫地说："初中生怕什么？我中学还没毕业呢！"

　　"中学还没毕业？"啊呀，天哪！我简直不敢相信这是真话。怎么会呢？一个知名教授、学者，中学还没毕业？当时，我家还没有电视机，新闻媒体对这方面的宣传也很少，就是有的报刊登载了这方面的文章，我也难以读到。我长期住在农村，没有和高级知识分子阶层接触的机会，所以，对于启老的身世，我真是一点也不知道。

　　"不要总是去回忆烦恼的事，"启老把手一摆："过去的事情都已经过去了，要往前看，您现在不是很好吗！您喜欢书法，有那么多的毛笔由您选择，爱用那支，就用那支，哪个书法家能敢和您比？您是天下第一。"启老十分欣赏地笑了，又接着说："您喜欢读书、写文章，现在是多么好的机会，这是天赐良机，不要泄气，要努力坚持，坚持下去就会有成果，有需要我帮助的事情，您尽管说。"

　　"初中生怕什么？我中学还没毕业呢！"就是这 14 个字，使我重新鼓起了勇气。只要有勇气，就会有出路。我当时的第一条出路就是找空闲时间汇集资料，出差是唯一的选择。每逢出差，我就带着资料卡片，坐在车厢里，我就构思；住进旅馆，我就及时把构思写成文字。据《列子·汤问》载：古代，有位愚公，为了修路，终日挖山不止，终于感动了玉皇大帝，派天兵天将把两座大山背走。愚公的精神鼓舞着我把《中国毛笔》写下去。1985 年 7 月下旬，我到省城济南开会住在山东宾馆东楼。炎夏盛暑，有全国四大火炉之美誉的济南更是名不虚传。房间里没有空调，一台高速运转的风扇搅动着热气，热得人不能入睡，大家都到楼顶上纳凉，我却在房间汇集带来的卡片，浑身上下只有一条三角裤衩，跟前守着一盆水。我写一会儿，洗一会儿，身上分不清哪是汗水，哪是自来水。这些自来水也故意和我过不去，从水龙头里放出来就是温的，估计要在 35 摄氏度以上。就这样，我一直写到深夜 12 点，文思流畅，有如天助。同室的客人纳凉回来，看着我满桌子稿纸，浑身汗水，凑到跟前，问我在写什么。当他知道我在汇集资料以后，十分真诚地问我，有什么困难需要他帮助。我告诉他，最大的困难是我没进过图书馆，不知道怎样查阅史料，也不知道哪些古籍文献中有这方面的记载。他十分自信地说："这事情好办！您瞅个时间，我带您去山东省图书馆查阅史料。"

他叫王炜，是上海同济大学结构工程系的老师，正带着学生在济南实习。王炜老师拿着他的照相机，和我来到山东省图书馆，向古籍部的老师讲述了我的"事迹"，古籍部的老师也很受感动，把他们熟悉的《史记》《说郛正集》等资料找出来，王炜老师一一用照相机拍下。后来，王炜老师把冲洗好的照片和他又从上海同济大学图书馆查到的资料，一起寄给我。谁想到，困扰我多年的难题，竟一分钱没花就解决了。拙作出版以后，我曾经到同济大学去找王炜先生，王先生已去荷兰，很遗憾我没有把拙文呈给王先生表示谢意。

在《中国毛笔》的写作过程中，山东大学蒋维崧先生、孙坚奋先生、上海博物馆庄永贵先生、西安半坡博物馆王志俊先生、曲阜师范大学黄立振先生又给我提供了宝贵的史料。在大家的帮助下，我终于完成《中国毛笔》的书稿，不久之后正式出版。改写了我的经历，也改变了我的人生轨迹。

我比较全面地了解启老的身世，是到 1985 年春天。有一次，我在大连港候船，从一个图书地摊旁边走过，无意中看到一本期刊《北疆》，刊物封面上"北疆"二字吸引了我，这分明是启老题写的，尽管没有署名和盖章。其中刊登了鲍文清先生撰写的传记文学《启功先生》。读罢这篇文章，我才比较全面地了解了启老的身世，这本《北疆》①也被我珍藏起来。

---

① 文学季刊，1984 年第 3 期，黑龙江人民出版社。

题厂名赐墨宝

1986 年春，我突然接到一张 32 开的小白纸，上面用圆珠笔写道："因工作需要，调你到公社××厂任××。"我拂袖而去，毅然创办了自己的毛笔厂，取名"兆志笔庄"。据我所知，这是改革开放以后，全国毛笔行业中，第一个以自己名字命名的毛笔厂。

1988 年 6 月 27 日，我应邀去北京出席了"中国文房四宝协会"成立大会，我是入会代表中唯一的个体代表，并被选为第一届理事会理事。会前，筹委会领导杜世铎先生要求我给出席会议的领导和书画家制作启老专用的青山白云笔。杜先生知道我没有对外供应过这种毛笔，特别解释说："启老已经应邀出席会议并在主席台就座"。

下午，大会请出席会议的书画家献宝，启老题写了一首四句四言诗：

> 纸笔墨砚，辉煌绚烂。
>
> 协会宏猷，山高水远。
>
> ——文房四宝协会成立纪念

启老写毕，抬头看见我，放下毛笔，拉着我的手挤出了人群，低声说："咱俩找个僻静的地方，坐一会儿。"

　　我随之拿着两把椅子，和启老坐到离人群较远的地方。我告诉启老，我已经离开原来的毛笔厂，创办了自己的企业，取名"兆志笔庄"。没想到我的话音刚落，启老竖起大拇指，伸到我胸前，大声笑着说："好，好！祝贺您当个红色资本家。"

　　接着又说："毛笔厂的名字取得也好。以前，好多毛笔店都是以店主的名字命名，如贺莲青、戴曰轩等，这才是真正的'名牌'。"启老说完，眯着眼睛笑起来。不时地有人过来和启老打招呼，互相拱手问候。

　　"明天下午您到我那里去。"启老接着说："我给您写个厂牌。"启老又告诉我，家中的电话号码变更了，把电话号码写在我的笔记本上，还叮嘱我：去的时候，先通个电话，以防万一出去参加其他活动。启老考虑得就是这么周到。

　　第二天，我如约来到启老家，启老从卧室里取出一支1号青山白云新笔，用清水泛开，浸在墨汁里。又取来一张四尺宣纸，对半裁开，铺在毡垫上，提起毛笔，信手写出"兆志笔庄"四个大字，又写了落款："一九八八年夏日启功试笔题"。写完厂牌，启老兴犹未尽，又找来一本册面，题写了："健笔书勋"四个大字，落款："兆志笔庄成立纪念一九八八年夏日启功志贺"，并在册面的封面题了"兆志笔庄成立纪念"。启老写完，连声夸奖这笔多好使，写完大字再写小字，照样好使，宝笔，宝笔！启老像小孩喜欢自己的玩具一样，接着说："待会儿我把它洗干净，好笔我都不舍得用，藏起来，别让他们给我抄走了。"这是真事，我知道，启老桌子上放着的毛笔，经常被他的学生和朋友们当面"抄走"，启老总是哈哈笑着相送。

　　启老夸奖毛笔的话，我是充耳不闻。只是盯着这两件墨宝，失态地拍着巴掌跳起来，连声说："真棒，真棒!"启老也高兴地拍起了巴掌，看他的高兴劲儿，简直像是一个十几岁的顽童。

这是我第一次看到启老写这么大的字。用 1 号青山白云笔写这么大的字，毛笔显得有些小，是小马拉大车，很勉强。我说出了自己的看法，又说再做几支更大些的毛笔寄来，准备写大字。启老告诉我：过去，写大字较少。这几年，写大字的任务越来越多，还有一幅"八尺"的任务没有完成呢。启老随手从笔筒里，取出一支较大的提斗笔，告诉我：写大字的任务是用这支笔完成的，这支毛笔的大小挺合适，笔腰也有健力，挺好使。只是写完大字，再用它写小字，笔尖有些不听使唤。

我接过这支毛笔，仔细地端详着：毛笔杆上刻的字不太规范，看不出生产厂名。毛笔头的毛料很考究，"水盆"的"齐帖"、"梳贴"也很认真；"干作"修得也很到位，确实是一支好笔。唯有笔尖部位有些值得商榷的地方，并不是毛料和制作不精细，而是山羊毛选得越精细，制作越精心，越是严格按照传统技艺操作容易出现的通病，费力不讨好。过去传统制作工艺的思路是大笔写大字，忽视了笔尖部位的衬垫。现在要求大笔既能写大字，又能写较小的字，这就对毛笔的制作提出了新的要求，就需要改革创新。

我对于这个问题并不陌生，这是从第一次给启老做笔就遇到的"老"问题，我自信能把这个问题解决好，就和启老逗趣说："李兆志愿领制作这种大笔的军令状。"

"好，好! 那就请您去做。不过，我可不和您签军令状。"启老和我都开心地笑了。

我又问启老，是不是还需要做更大些的毛笔。启老告诉我，有这么大的笔就够用了，一般不写再大的字。街上挂的我写的匾，有的字很大，是别人把字放大以后做成的。

回厂以后，我根据启老的需要，结合我制作毛笔的经验，确定了两个品种：一种笔头直径 16 毫米，长 62 毫米；另一种笔头直径 14 毫米，长 55 毫米。

制作笔头这么长的高档毛笔，通常选用的最好山羊毛是光锋，光锋又分为粗光锋、细光锋、细嫩光锋等品种，细光锋和细嫩光锋的锋颖柔润细长，但是毛杆较细，一般只适宜做披毛。做笔柱，通常多选用毛杆相对粗壮的粗光锋。或者在粗光锋中掺加适量的细光锋。不论是锋颖还是毛杆，粗光锋都不如白尖锋，只是白尖锋难以达到这个长度，偶尔选择出达到这个长度的白尖锋，往往也是采收季节不对，锋颖和毛杆都已经"老化"。为了达到理想的效果，我就在白尖锋和细光锋二种山羊毛中，逐片逐片地挑选，又按照 2∶1 的比例混合在一起。制作的时候，我故意把笔尖部位的白尖锋"锋颖"错位，把传统工艺要求的"齐"改为"不齐"，克服了山羊毛锋颖和毛杆过渡不自然的通病。我还在笔头的腰部掺加适量的苘麻，在这样大的毛笔头中掺苘麻，是"大逆不道"，违背常规的。因为苘麻的韧皮纤维容易粘连在一起，在毛笔头的腰部形成一个大疙瘩。运笔的时候，笔头铺不开，造成絷手的感觉。所以，传统工艺只是在笔头直径较小的毛笔中掺加苘麻。我在 1 号青山白云笔中掺加苘麻，就是"违规"，现在，要在笔头直径达到 16 毫米的笔头中掺加苘麻，更是胆大包天了。"不入虎穴，焉得虎子"，我坚信，只要把苘麻加工到必要的精度，掺加数量适当，苘麻就不能抱成团，就可以发挥它的优势。

"干作"修笔的时候，我也对传统工艺进行了改进，加强了从笔锋往下约 10 毫米部位的修整，使本来较粗的大笔"笔尖"部位，也呈现出适当的"尖"，有时还须要忍痛把质量没有任何问题的"多余"的锋颖剔除，力争达到"一毛不多，一毛不少"。

因为毛笔头的直径较粗，竹杆的下端必须镶嵌笔斗，竹杆的上端也必须装挂绳，便于用完以后，涮净墨，挂起晾干，这是大笔的"标准装"，通常称为提斗笔或者称为提笔。我选用了湘妃竹作笔杆，给毛笔取名 1 号、2 号"湘妃提笔"，借以纪念舜之二妃吧。

这次制作最方便的条件，我是在自己的企业里制作，是名副其实的厂长了。我可以随心所欲，想怎么做就怎么做，做坏了也不要紧，一次不成功，再做第二次，不管浪费多少原料，支付多少工人工资，我都不在乎。再也不用像以前那样，要满脸笑容地对别人解释、自圆其说，每天如履薄冰，总是害怕吃不了兜着走。

毛笔做好以后，我给启老寄去，启老使用很顺手，成为启老的当家大笔。

中国文房四宝协会成立大会纪念笔资料附记在此：

除 1 号、2 号青山白云外，还有"狼毫大楷"笔头直径 7 毫米，长度 27 毫米；"狼毫中书画"笔头直径 6 毫米，长度 26 毫米："中白云"笔头直径 6.5 毫米，长度 29 毫米。狼毫大楷笔头选用黄鼠狼尾为主料，掺加少量香狸尾，用苘麻衬垫做成。笔锋尖锐刚劲，笔腰有力，根部坚如磐石，大有狂风吹不倒之势。这种造型的毛笔很好用，特别适用于写楷书字和画线条，是 1980 年以前最传统的毛笔造型。但是随着"出口热"和所谓"长锋笔"的流行，这种造型的毛笔却被贬为"短锋笔"而遭冷落。其实，笔头长并不一定笔锋长，这是当前盛行的大错误。狼毫中书画是常用的狼毫笔。中白云笔尖以脚爪锋山羊毛、黄鼠狼尾和香狸尾三合一体，俗称"三搅尖"，用山羊毛和苘麻做衬垫，用白马毛和山羊毛做披毛做成。笔锋有羊毫的柔性，又有健性较好的香狸尾毛扶持，刚柔适手，笔腰踏实，成本低，是实用型的兼毫笔，写行、楷书字和画花卉都很适用。

狼毫笔联缘傅熹年

　　1992 年 10 月，我又来到启老家里。四年多没有见到启老了，启老还是那样神采奕奕，脸庞稍胖了些，还有了些红润，一点也没见老，倒是显得更年轻了。

　　启老让我坐在单人沙发上，他坐在另一个单人沙发上。问起笔庄的生意情况，我告诉启老，笔庄一切运转正常，启老听了很高兴。我不愿意多说笔庄的生意情况，浪费时间，只是简单地说了几句，就把话题岔开。我看到启老书案上摆着文稿和毛笔，很显然启老正在用毛笔书写文稿，我悔恨自己不该在这个时间来打扰启老。没说几句话，我就催促启老去写文稿，启老执意不肯去，连声说："您来得正合适，我到了休息时间了。"我一再要求启老继续去写文稿，坦率地说，这也是我的一点"私心"作祟，我可以借这个机会现场欣赏启老写小楷字。

　　启老笑着说："那恭敬不如从命了。"便又坐到椅子上，我站在书案对面，启老让我坐下，我坚持站着欣赏。只见书案上稿纸整齐地铺在毡垫上，被一个长方形的"铜方框"压住，这个工具在我们家乡叫"压仿条"。已经写好的地方，盖着透明纸。启老拿起毛笔，在一块小砚台中蘸了一下墨，又把笔尖轻轻地顺了几下，轻松地握着笔杆，在"压仿条"的方框里，信手写起来。那轻松自如的样子，和常人握着钢笔、圆珠笔写字完全相同，只不过是写得稍微慢些罢了。写完一行或者二行，再把透明纸挪一下，把字盖好。启老告诉我，这是他的发明。这样既可以看到写出的部分，便于写下一行的时候互相对照，又不把字涂抹了，手臂可平着放在透明纸上，写起来舒服，比放在"臂搁"上好多了。更使我惊奇的是启老写这么小的楷书字，竟然不戴老花眼镜。启老告诉我，年轻的时候，眼睛近视，等到老年，反而不戴眼镜写字了，现在眼睛视力很正常。唯一使我感到不安的是启老写字的时候，腰有些弯，背有些前倾，年岁不饶人啊，毕竟是快 80 岁的人了。

　　常言说"三句话不离本行"，我留意的不是启老文稿的内容，而是启老规范俊美的小楷字和使用的毛笔。我不用看毛笔杆上刻的厂名和商标，就认出启老使用的这支毛笔，是一个声誉较高的某毛笔厂生产的小楷狼毫笔。笔头长约 20 毫米，直径约 5 毫米，笔锋比较尖锐，健力也不差，启老用得比较顺手。偶尔笔尖上吐出一丝小毛，启老会停下笔来，用左手轻轻地拔出，接着又写。这支毛笔的含墨和吐墨都比较好。但笔尖上墨量较少的时候，偶尔也会开裂。

　　启老写了一会儿，停下笔，告诉我："这支毛笔是某毛笔厂生产的，质量还不差，不过也不完全相同，也有不那么顺手的。我一位亲戚在这个毛笔厂工作，每次总是让他多买些回来，挑选一下，用得多了，也就会挑选了。"

　　我接过毛笔，又仔细地观察了一会儿，告诉启老：这个毛笔厂的产品，我比较熟悉，他们生产的几种名牌产品，我都见过，质量还是上乘的。这个毛笔厂为了保住名牌，总是不惜多花钱，购买最正宗的黄鼠狼尾、香狸尾等原料。所以，这个厂的毛笔原料的质量没有问题。如果吹毛求疵，这个厂的毛笔质量问题出在工人操作上，原因大约有三个：一是操作工人的工作态度不认真，敷衍了事，质量检验人员也是得过且过；二是实行"计件工资"或者"定额工资"制，重产量、轻质量。而手工产业工人的工资长期处于低水平，只有努力赶产量，才能保住吃饭钱；三是有过硬技术的老师傅年龄都偏大了，制作毛笔像绣花一样，是细活，特别强调眼明手灵，技术再好的师傅，只要戴上老花眼镜，技术就大打折扣了。现在的年轻人，特别是城里的青年人，谁都不爱干这种又脏又枯燥的手工活，"身在曹营心在汉"，能做高档产品的技术人才越来越少了，这也是全国毛笔行业的通病。所以，这些毛笔质量参差不齐也就不奇怪了。

我看到启老严肃的表情，就开了一句玩笑："不过，也不要紧，您有挑选毛笔的火眼金睛。"

"对、对，是这个道理。"启老并没有在意我说的玩笑话，只是应声点了点头，很显然，启老对毛笔生产现状是忧心忡忡。

我接着说："毛笔和其他工艺品一样，都是手工活，要想把手工活干好，既要有技术又要有时间做保证。在我们业内有句话说：好了快不了，快了好不了。手工活又快又好，只能是吹牛，谁也做不到。解放以前，东北长春市有个毛笔店，大掌柜是我们老乡，他要求一位干作师傅，一天工作九小时，只修 24 支狼毫笔，再修多了不行。现在，一位干作师傅每天至少要修 100 支，有的可能修到 150 支，质量怎么能保证？可是，话又说回来，修得少了，挣不着工资没有饭吃。现在的企业都讲究成本核算，干得太慢了，产品成本加大，销售价格又提不上去，提上去也卖不动，企业也受不了。"

"对、对。"启老接着说："这也真是个问题，写字、作画总要有好用毛笔，没有好用的毛笔，字也写不好。"启老又突然严肃地说："您做毛笔，真也不容易，这么多的各种毛，都要一根一根地摆弄整齐，做出的毛笔来才能好用。可是，一支毛笔只卖几块钱，而书法家、画家拿起毛笔来，写几个字，画一幅画，就是几千、几万，这也太不合理，这也太不合理。"

"一支毛笔只卖几块钱……这也太不合理。"启老说的这句话，已经过去快 20 年了，我至今仍记得清清楚楚，这也是我从艺四十多年来，唯一的一次听到书法家为我们"臭笔匠"①鸣不平。

我又催促启老写文稿，启老又拿起笔，一笔一画慢条斯理地写起来。我看到每当笔尖上吐出根小毛，或者开个小岔，启老总要停下笔去处理一下，我心里真不是滋味，心里埋怨自己没有给启老制作小楷毛笔，我不敢说保证能做得比这支毛笔好用，不过总可以试一下吧。都怪我心粗，没往这方面去想。可是，又有谁能想到八十岁的人了，还去一笔一画地写小楷字，这可是个累坏人也不讨好的营生。凡是自己能尽力克服的困难，自己能尽力办到的事情，就不去麻烦别人，这就是我认识的启老。

我意识到自己打扰启老已经很久，应该告辞了。于是站起来，对启老说："我回去以后，给您做几支小楷毛笔寄来，试一下，如果不好用，再重做。"

---

　　①　做毛笔时，需要先把山羊毛、黄鼠狼尾等原料放在水中沤些时间，把粘连在毛根的皮屑沤烂，又腥又臭，才能除净皮屑投产，笔工手上长年有臭味，被称为"臭笔匠"。也有讥讽手工艺人社会地位低下的意思。

启老把双手合拱，举到我面前，笑着说："谢谢您、谢谢您，不过，这些毛笔还将就着用，就不再麻烦您了。"

启老站起来，又对我说："我刚刚出版了一本小册子，送给您一册，请您指教。"启老从卧室里取来《启功书画留影册》，又坐到椅子上，要给我签名。启老嫌刚才使用的小楷笔太小，就顺手取来案头的"硬笔"，蘸了一点墨水，题写起来。

我站在启老对面，两眼凝视着启老题写。当启老写下"兆志我"三个字，又写下"兄"字的时候，我突然失声大叫起来："这怎么能行？"急得一个劲地摆手。启老依旧继续题字，边写边笑着说："可以，可以，当然可以。"

我双手捧着启老的大作，凝视着"兆志我兄指教，启功呈稿"，惶恐之至，不觉大汗淋漓。

狼毫毛笔是我们家乡数百年来传承制作的主要品种，实事求是地说，按照我们地区的传统工艺，做出质量不低于某厂产品的狼毫毛笔，只是小菜一碟。可是，经验告诉我，单纯按照传统工艺生产的小楷狼毫毛笔，笔锋过于健挺，还容易开叉，写字的时候缺乏"活气"。而启老写的小楷字，在字里行间透出"活气"，颇有行书的韵味。早在 1983 年，启老赐给我的《诗文声律论稿》，就是用楷书兼有行书的风格写成的。这本书我不知道读了多少遍，与其说是在读书，倒不如说是在读字帖。据说当时出版这本书的时候，出版社也有这样的"隐意"，让读者既学习了知识，又欣赏了启老的书法大作。

从北京回到家，我立即投入到制作小楷毛笔的工作中。根据经验，在尽量不影响狼毫毛笔特性的前提下，把配料和工艺改变一下，在笔尖部位稍微增加一点柔性原料，使笔锋更拢抱，避免开叉，使用起来也会更灵活顺手，不是更好吗？我相信：我能使柔性的羊毫笔呈现出适量的刚性，生产出"青山白云"毛笔，我就能在狼毫笔中适量增加点柔性，使它更顺手、更完美。

　　我决定先做笔头直径 5 毫米，长度 20 毫米的小狼毫笔和笔头直径 6 毫米、长度 24 毫米的中狼毫笔。制作笔头长度超过 40 毫米的狼毫毛笔，需要的正宗黄鼠狼尾，产自我国的黑龙江省和吉林省的长白山地区。生产笔头长度不超过 35 毫米的狼毫毛笔需要的黄鼠狼尾，原料资源比较丰富，除了东北三省以外，我们山东省沿海地区产的黄鼠狼尾，质量也很上乘。因此就地取材选用了我们家乡生产的正宗"二秋"黄鼠狼尾，尾毛长度适宜，锋颖细润，毛杆匀称，粗细得当。又精心挑选了少量柔性原料配置在适当的部位，改变了衬垫工艺，使笔锋尖锐，"二锋"和笔脖部位适当增粗，整个笔头呈宝塔尖型。这种衬垫的毛笔，笔锋尖锐，很容易写好笔画的起笔和收笔，也便于书写较细的笔道。笔脖部位的粗细也十分重要。过细，笔锋挺不起来，笔尖就表现得弱柔无力，笔画显不出楷书的韵味；过粗，笔锋开岔就在笔锋下边易形成一个"大肚子"，写出的笔画就像"墨猪"似的肥壮。此外，笔尖还不能顺着人的心意走，有不听指挥的絷手感。笔脖粗细适当，还能增加含墨量，吐墨均匀。含墨量少、吐墨过快是毛笔的大病，是使用者最讨厌的事情。尤其是写小楷字，蘸一次墨，写出的字数越多，就越顺手、越有灵气，整幅作品就能形成一气呵成的体势。如果经常停下笔来蘸墨，写出的作品就容易出现七零八落体势不均，给人上气不接下气的断续感。

　　干作修笔更是保证小楷毛笔质量的关键工序。如果说一支较大的毛笔，笔锋里有一二根秃毛、弯毛，或者不整齐的毛，还能凑合着用，还不会对使用效果造成很大的影响。一支小楷毛笔的笔锋里，就是有一根捣乱的毛都不行，否则就好像是如鲠在喉。我们家乡的干作师傅，有一套修笔的"三字经"："头锋齐，二锋清，笔脖里，要干净，太干净，也不行。"细细品味这几句修笔要诀，还真有些哲理。斗大的字识不了两口袋的"干作"祖师爷们，在数百年或者更长的时间里，传承技艺的时候竟也懂得辩证法。所以，"太干净，也不行"，要因笔制宜。要想达到这个标准，的确也不容易。"会者不难，难者不会"，关键是会不会这个技术，有没有认真去操作的态度，这里咱也借用一下"事在人为，人定胜天"吧。

小楷毛笔的笔杆一定要轻，长时间地握着写字，重量过大是不适宜的。我选择了最传统的制作方法，在竹笔杆的细端挖上笔膛，把笔头粘入膛中就可以了，这也是启老最喜欢、最提倡的方法。

说实在的，我真也不愿意再为一个区区毛笔名称，再去打扰启老。就自己决定笔名了，我相信，启老也会同意的。

我按照传统的毛笔命名方式，给毛笔取名为"特制小狼毫"、"特制中狼毫"。长期以来，大部分毛笔的笔名是以构成毛笔头的主要原料、适用范围和用途来命名的。如小楷狼毫、小楷紫毫，说明构成毛笔头的主要原料是黄鼠狼尾，紫毫（山兔毛），适宜写小楷字；七紫三羊、五紫五羊，是说明构成毛笔头的原料是山羊毛和紫毫，并说明各自所占的比例，实际也就道出了毛笔的刚柔性能；叶筋，衣纹和兰竹等，是说明毛笔的主要用途是画叶子的叶脉，衣服的衣纹和兰花、竹子。画叶脉和衣纹的毛笔笔锋要尖锐、纤细、健挺；画竹子的毛笔笔头的尖部和腰部需要粗壮健强。提斗笔和抓笔，则点明了这种毛笔的造型，实际也说明这种毛笔是大笔。

这种命名方式，明确地说明了产品的构成原料、性能特点和适用范围，便于用户选择，所以被长期延续下来。当然，一些产品的笔名与原料不符，把山羊毛染成黑色称为胎发笔；把山羊毛、马毛染成黄色称为狼毫笔；把猪鬃的锋尖染黄称为石獾笔等。近些年来，市场上又出现了用山羊毛和猪鬃染成黑色做成的"鼠须笔"。其实不论是老鼠胡须，还是黄鼠狼胡须，都不适宜做毛笔，制作者是借用了王羲之《笔经》的记载："世传张芝、钟繇用鼠须笔。锋端劲强有锋芒。"但是制作者既忽视了"世传"二字，也不知道《笔经》紧接着说："余未之信。鼠须甚难得，且为用未必能佳，盖好事者之说耳。"可见王羲之没见过鼠须笔，并且否定了鼠须笔的存在，鼠须笔只不过是一个美丽的谎言。总之，这些卑鄙无耻的欺骗行为就不值一提，应该绳之以法了。

20 世纪 70 年代初期，我国毛笔行业出现了前所未有的"出口热"，各地毛笔生产风起云涌，百花争艳。为适应出口产品的需要，各种各样的笔名层出不穷，花样翻新，除传统的毛笔名称以外，有的选用一句成语，如壮志凌云；有的恰似一幅画卷，给人以无限的遐思，如泰岱翠峰、金鼎紫峰；还有的选用时代名句，如花枝俏等。这些笔名虽然给使用者提供了美好的思维享受，但是也给选购毛笔带来一些困难，一头雾水。随着时间的推移，这类笔名逐渐被淘汰了。

毛笔寄走以后，我心里十分高兴，也许这几支毛笔能给启老抄写文稿助一"笔"之力。

不久，意外地发生了一件使我更高兴的事——我收到郑喆老师的来信。郑喆老师是启老内侄章景怀先生的夫人，启老的晚年生活，由章先生和郑老师照顾。郑老师告诉我，毛笔已经收到，启老说笔很好用。郑老师在北京师范大学工作，每天工作繁忙，还要料理家务，她竟从百忙中挤出时间给我写信，使我十分不安。更使我心魂不安的是郑老师写的钢笔字，规范的结体，刚劲的骨气，我读了一遍又一遍，爱不释手。过去，我一直认为写字男女有别，女性作者写出的字，笔画弱柔乏力，缺乏阳刚之美。读罢郑喆老师的信，彻底改变了我的拙见。我相信，如果不知道郑喆老师是位女性，谁也不会相信，这封信是出自一位女胞之手，这是否也验证了"近朱者赤，近墨者黑"的道理，我不敢妄论了。我从艺几十年，特别是在电话还没有普及的时代，收到各地用户的来信，可谓不计其数，其中绝大多数来信是出自书法家或者书法爱好者之手。我坦率地承认：这些不计其数的来信，从欣赏书法的角度，被我收藏的并不多，郑喆老师信手拈来的这封信，却被我以钢笔书法大作珍藏起来。现在附于书中，让我们一起来欣赏郑喆老师的硬笔书法艺术。

给启老制作的狼毫毛笔，除了上述品种以外，还做过笔头直径 6.5 毫米、长度 26 毫米和直径 7 毫米、长度 28 毫米等狼毫笔。增加品种的原因，主要有三个：一是狼毫小楷、狼毫中楷毛笔，适用范围太狭窄，不能一笔多用。如：狼毫小楷只适宜写字迹面积 10 毫米 ×10 毫米左右或更小些的字；狼毫中楷一般适宜写字迹面积 20 毫米 ×20 毫米左右的字。它们不能像 2 号青山白云毛笔那样，适用范围广泛。二是我才疏艺拙，不敢保证生产的毛笔，都适合启老的要求，这也是手工产品的实际情况。技术再好的师傅制作的产品，也不敢保证质量都完全相同，要留有充分的余地。三是小楷毛笔制作最困难。我从艺几十年，亲手设计和组织制作的毛笔，应该说很多很多，用不计其数来比喻也不算吹牛皮。小到笔头直径只有 1 毫米的工描类毛笔，大到笔头直径300 毫米以上的大笔。记得大约是 1983 年，轻工业部牵头在北京劳动人民文化宫举办了全国第一次毛笔展览会，全国各毛笔重点产地的毛笔厂都参加了展览。主管领导杜世铎先生要求我为展览会制作一支大毛笔，我亲自设计并组织制作了笔头直径280 毫米、笔头长度 600 毫米的大毛笔，取名"气盖九天"参加了展览，堪称当时全国最大的毛笔。1990 年，北京举办亚运会，我应邀为亚运会制作并捐赠了笔头直径300 毫米、笔头长度630 毫米，毛笔全长3100 毫米的大毛笔，取名"壮哉神州"，① 也是当时全国最大的毛笔。在这细如钢针、粗如斗牛范围里的各种各样的毛笔中，除了上述两支特别大的毛笔以外，通常生产的毛笔品种中，以小楷毛笔最难制作，质量最难控制。不论是选料还是制作，都要求一"毛"不苟。制作毛笔的各种动物毛是天然的，又是手工操作，要想做到"万无一弯"、"万无一秃"，实在很不容易。狼毫小楷毛笔是这样，紫毫小楷等其他小楷毛笔也都是这样。所以，书画家抱怨市场上买不到好用的小楷毛笔也就不奇怪了。姜东舒先生在楷书墨宝《欧阳修醉翁亭记》附记里写道："作小楷须笔精，此用湖州兼毫笔书，数易之，亦不称手，遂致书兴大败。其弊在锋不齐也。东舒附记。"② 为了尽可能满足启老书写的不同要求，我给启老还做过其他品种的小楷和中楷狼毫

---

① 见拙文《中国毛笔》图 34。
② 《中国古今书法选》河南美术出版社。

毛笔。由于制作得数量少，当时也没有留下记录，说到底是我压根就没想到还会再来写它。

　　说来也凑巧，2006 年 8 月，我接到一个电话，又引出了两种狼毫毛笔，我把通话的内容记在这里："您好！您是莱州李兆志先生吗？""您好！我是李兆志，请问您贵姓？"对方没有正面回答我的问话。"毛笔狼针和 2 号特制小狼毫是您做的吧？""对，我做过这两种毛笔。""这两种毛笔是什么样子？""狼针是白色杆子，上边有褐色斑点，笔头的锋尖是黄色，根部腰部是白色，2 号特制小狼毫的笔头是黄色。""对了，对了，是这两种毛笔。您现在还能做这两种毛笔吗？""能做。""请您给我每种做些支，好吗？""请问您贵姓？""您就不要问我的名字了。我想请您给我做这两种笔，每种几支，好吗？""这两种毛笔是我做的，一点不错，对不起，我现在不做。""不做？"对方用十分吃惊的口气又说："您既然能做，为什么不做？我请您做这两种毛笔，只要保证质量，价格根据实际情况，您随便定。请您算一下，需要多少钱，我马上把钱给您汇去。毛笔做好以后，您给我寄来就可以了。""对不起，我实在不能做。"对方十分吃惊，我俩在电话中僵住了。为了摆脱尴尬的局面，尊重"上帝"，人家又是主动给我打来的电话，还诚心诚意地不讲价钱，要多少给多少，还要先汇款，这是对我的相信与支持，也是我的荣耀与幸福，我不能不识抬举，不讲商业道德。稍微迟疑了一下，还是我先开口了："实在对不起，我把不能做的原因实话告诉您，请您原谅。您说的这两种毛笔，我从来没有在市场上卖过，我只给启功先生和冯其庸先生做过，不知道您是从哪里得到的。"

　　听我道出缘由，对方突然十分畅快地笑了，说出了两支毛笔的来源："这两种毛笔是启老送给我的，我用过以后，觉得真好用，我想请您再做一部分，我姓傅。"

听到对方说姓傅，没等对方说完，我就想起启老在给我讲古字画鉴定的时候，曾经提到傅熹年先生，我脱口而出："您是傅熹年先生吗?""对，我是傅熹年。"

……

我给傅老做了"狼针"、"纯狼毫小楷"和"纯狼毫中楷"。傅老收到毛笔回信说："狼针及纯狼毫中楷笔已试用，很好用……此时劣笔如林，能找到合用之笔已是难得，极感厚意……"

我也把"狼针"和"纯狼毫小楷、中楷"的技术性能简单地记录在这里："狼针"笔头直径6.5毫米，长度27毫米，也是选用正宗的"大秋"、"二秋"黄鼠狼尾为主料，佐以适量的辅料做成的。笔锋尖锐刚劲，可以写中楷字。笔腰健挺，笔尖和笔腰部位过渡自然顺畅，不分绺，不开岔，笔锋拢抱不散，所以也可以写再大一些的字。"精品纯狼毫小楷"和傅老说的"2号特制小狼毫"基本相同，毛笔头直径5.3毫米，笔头长度20毫米，选用正宗的"三秋"和"二秋"黄鼠狼尾为主料，佐以适量的辅料做成，笔锋尖锐刚劲，锋利似锥，适宜写字迹面积10毫米×10毫米或者写更小些的"蝇头小楷"。"纯狼毫中楷"笔头直径5.8毫米，笔头长25毫米，所用原料和性能与上述两种毛笔基本相同，可以写中楷字，也可以写再大一些的字。

此外，好多毛笔的名字中经常出现"纯"字，如纯羊毫、纯狼毫、纯紫毫、纯猪鬃笔等。这里所说的"纯"，并不一定是说明构成毛笔头的原料是单一的某种原料，不掺加一根其他原料。有时候，为了使毛笔更适手，更好用，佐以少量的其他辅料是常见的，也是必要的，这样制作方法不能认为是掺假，是不纯。这就好比名庖做清蒸鱼，水煮肉片等，也不是单纯的一条鱼、一盘肉，必须加入适量的油盐酱醋等调味品，才能更可口。做毛笔与做菜的道理是相通的。

榜书笔幸缘王世襄与黄苗子

　　傅老也给我当起了宣传员，把毛笔送给了王世襄先生。王老又十分高兴地转赠给黄苗子先生和港台友人。王老给我写信，语重心长地说："因能买到的笔实在不好用，而用你制的笔，确实是个享受……真希望你的子侄辈哪怕仅有几位能传承，实有关中华文化的一件大事。"

　　王老又给我寄来"笔资1000元"，和两页"王世襄先生自撰及编著书目"，让我"选感兴趣者，只要尚有余本，便可邮奉答谢"。我只凭区区几支小笔竟换来千元巨资，实在是受宠若惊。更使我惊讶的是两页书目所列大作竟有41种之多，不知道王老在那样坎坷的年代里是怎样写出这些大作的！相信以富学而名留千古的惠施也只能望其项背。而对中文版、英文版、德文版、法文版这些琳琅满目的珍珠，我不敢伸手去捧，不具备可以捧读的资本。谁想到王老先后两次邮来《锦灰堆》《锦灰二堆》《锦灰三堆》《中国葫芦》《宋李忠定公荔支前后赋》和张中行等著《奇人王世襄》，收件人地址竟是王老用毛笔写的欧韵楷书，不敢想象一位九十二岁的老者是用什么样的精神和体力去完成这些繁杂的事务。面对这堆大作，我思绪万千，这是我从艺四十多年里的又一次大享受，倍感无上的幸福。

　　黄老来信道："弟用笔一生，却不知笔，故永远写不好字。拜读尊著《中国毛笔》，始略晓门径。因知学问不易，博识更难，再一次感谢尊赐。初试尊制狼剑（针），以为笔锋刚柔相济，宜写褚书一路……写瘦金亦极畅适。此类小楷笔，如今已不易得"。

　　王老和黄老对拙作和毛笔的评论，实在是夸大其词，愧不敢当，只是我永远努力的方向。来信也彰显了老一辈国学大师对中华文化的热爱和珍惜，更使我感到作为一名笔工，对传承中华文化、继承和发扬中华非物质文化遗产责任的重大。

　　二老不约而同让我做较大的狼毫笔和"榜书"笔。我给二老作了1号、2号"金戈"、"精品狼毫中书画"和"纯狼毫大楷"；榜书笔请黄老命名为"云龙凤虎"，记在下面：

　　1号"金戈"笔头直径7.5毫米，长度28毫米；2号"金戈"笔头直径6.5毫米，长度26毫米，都是用黄鼠狼尾为主料，佐以少量的香狸尾和苘麻等做成。这二种笔头的腰部和根部比较粗壮，健性强，含墨量多，写出的笔画粗细变化较明显，写的字也相对较大些。

　　"纯狼毫大楷"笔头直径9毫米，长24毫米。笔头以东北元尾为主料，配用部分京东狼尾，用猪鬃和苘麻等衬垫做成。笔锋尖锐凸出，可以写较细的笔道；笔脖和腰部坚实，健性很强，可以写出较粗壮的笔道。变化丰富，适用范围较大，是狼毫大笔中的上品。

　　"精品狼毫中书画"笔头直径8毫米，长度35毫米。笔头选用东北元尾和京东狼尾为主料，掺加羊毛，用猪鬃、苘麻等衬垫做成。笔头呈条锋型。使用性能比传统狼毫大楷稍微柔润些，也属狼毫大笔中的上品。

　　这几种毛笔的笔头造型、原料配置比例和部位都不相同，力求使用性能存在较明显的差别，便于二老选用。

　　1号"云龙凤虎"笔头直径42毫米，长度110毫米；2号"云龙凤虎"笔头直径31毫米，长度80毫米。制作这样的特大笔，笔头的健性很难掌握。健性过强，写粗笔道的时候笔腰铺不开，有蛰手感；反之，写的笔道软弱无力，笔头铺开再提起，笔腰收拢不圆正，笔尖部位容易拧成螺旋状，这是最令人讨厌的败笔，也是特大笔容易出现的通病。我考虑二老书法艺术功底深厚，书写规范，严守传统，就更要求笔头铺开再提起能随手收拢圆正，锋尖凸出。又考虑二老年事过高，臂力有限，应适当突出笔头的柔性。我选择了细光锋、粗光锋、老光锋三种山羊毛为主料，掺和较少数量的猪鬃，把苘麻衬垫在笔腰以下的部位，力求使笔头的健性适中偏柔，笔锋饱满贴实。

　　制作时，我改革了"水盆"传统工艺，进行了从艺40年来的第一次尝试。我国毛笔的传统制作方法是"披柱法"，早在王羲之《笔经》中就有记载："以麻纸裹枝根。令净。次取上毫薄薄布柱上，令柱不见。"韦仲将《笔墨方》载："用裹笔中心，名为笔柱……复用青毫外加作柱法。"

　　上述制作方法，与甘肃武威汉墓出土的毛笔相吻合："外覆黄褐色狼毫，笔尖及锋呈紫色"。[1] 所以可以认定，至汉代，毛笔头的制作工艺已经成熟，即先做成"笔柱"，再在笔柱上覆上"披毛"，称为披柱法。

　　在以后的文献中，又相继记载了另一种制作方法"散卓法"。"笔出于宣州，自唐惟诸葛氏一姓，世传其业"。[2]

---

① 《文物》，1972年第12期。

② 《避暑录》。

“诸葛高世工制笔……笔工诸葛高，海内称第一”。① 梁同书《笔史》载：“宣城诸葛高系散卓笔，后世始用无心散卓笔，其风一变。”

上述文献中，都没有记载散卓法的工艺。从“无心”二字看，不是先做出笔柱（也称笔芯），再覆披毛，而是和披柱法相对立，整个笔头只是一个笔柱，不再覆披毛。但是，这种制作方法却没有传承下来。

我以前用披柱法做成的大笔，披毛的效果总是不理想。运笔时，笔尖（笔柱）在中心运行，披毛不是紧紧地拢抱住笔柱一起运行，而是在笔柱旁边捣乱，有时分裂成若干个小束，堆积在笔柱的两旁，好像给笔柱穿上长裙子，有时还会在笔画的旁边再划出许多小笔道，十分讨厌，这也是大笔常见的通病。

这次制作，我也试用了“无心”的做法。首先改革了“合帖”工艺。各种原料做成“帖子”后，不直接合并，先把各块“帖子”认真地修整一遍，把其中无锋颖、弯曲等疵毛剔出来。这样反复梳整二遍后再“合帖”。衬垫时，把笔柱一次定型做成笔头，不再留出披毛的位置，我们地方传统工艺称为“留出盖（披）毛窝”。我又挑选少量柔性特别好的细光锋山羊毛，做成长度不超过笔头长度二分之一的披毛，覆在笔头腰部以下的部位，避免笔头腰部和根部开裂。做成的笔头，笔锋至腰部没有披毛，只是在笔腰以下覆上极少量的披毛。这种做法，虽然不能称为严格意义的“无心散卓法”，但是和披柱法的工艺完全不同，起码可以称为“似散卓法”。

毛笔做好以后，我试用觉得很顺手，没出现笔柱和披毛分裂的老毛病。

① 宋《宣城县志》。

赐《中国毛笔》序

　　种子，总是在努力争取生根、发芽，实现自己的价值。即使暂时受条件的限制，蛰伏在那里，它也没有沉睡，而是在忍辱负重，卧薪尝胆，努力寻觅着生长的机会。如果空气、水分、温度等条件适宜，它就会表现出顽强的生命力，冲破重重阻力，生根、发芽、成长，这是自然界的规律，任何妄想改变规律的肆虐都是徒劳的。我的书稿《中国毛笔》也像种子一样，虽然被我用旧报纸包好，放在箱子底层，它也没有在那睡觉，它仍然在那里挣扎着寻找机会。这个时机终于来到了，来得是那么偶然。这要从 1993 年 8 月初的一天说起：

　　接连十几天的连阴雨，家中又潮湿又闷热，憋得人喘不过气来，心情十分烦躁。我坐在家里，翻看一册以注释方式介绍文房四宝知识的书，书是表弟宋广智从北京寄来的，他知道我喜欢读这方面的书，一旦发现，总是买下给我寄来。书中介绍的墨、纸、砚三宝知识，我也很喜欢读，只是门外汉，看着热闹，不懂门道。书中介绍的毛笔知识，我虽然不敢算是完全明白，总也对其略知一二。何况其中还介绍了我们家乡生产的毛笔，有的毛笔还是我亲手设计并组织制作的。因此，对于书中关于毛笔部分的知识注释我还是有资格发言的。

我双手捧着这册"心中的圣经",越读越觉得别扭,越读越糊涂。暂且不论书中层出不穷的错别字,我相信读者会"以字音思意",能把大意看懂。而其中那些不切合实际,甚至是错误的注释,恐怕大部分读者就难以自查自纠,也可能是饮鸩止渴了。

闷热的天气、烦躁的心情、难言的苦涩!使我突然热力发作,把书摔在地上,"呼!"声音很大,犹如惊炮。不知是摔得太狠了,还是此大作掷地有声,惊动了坐在我旁边看书的儿子,他惊讶地问:"爸,您怎么啦?"

"这样的书,也能出版,简单是岂有此理。"

儿子赶忙把书捡起来,递到我手里,又问了几句,接着说:"您可以把您的书稿出版啊!让大家多了解一些毛笔的知识。"

儿子的话让我慢慢地平静下来,长叹了一声,简单地和儿子说了一遍出书经过:咱们平民百姓出书,需要自己拿钱。1986年,我到山东某出版社,该社一位编辑看完文稿后说,这是她从事编辑工作二十多年来,第一次看到农民写的专著,也是第一次看到没有别人帮助,全部是作者自己抄写得如此整齐的文稿,同意列入出版计划。这位编辑接着又十分惋惜地告诉我,现在出版书籍,除了"名牌"教授的著作,可以享受某基金赞助外,其他都要作者出钱赞助,需要提前交纳一万元。我笑着说,这部文稿是在大家的帮助下,历时五年完成的。我可以一分钱的稿费都不要,献给祖国,献给广大的书画爱好者和同行师傅。但是,我没有能力再拿钱。共同的信念,互相的理解,都不能解决囊中羞涩,没有钱,说什么也白搭。

我不愿意再让儿子听这些令人沮丧的话,没有再继续说下去，就把话转回来，笑着对儿子说："这几年，我虽然赚了一点钱，但是，笔庄正常运转需要钱，你明年考高中，你姐姐明年考大学，都需要钱，哪有那么多宽裕的钱去出书。"

不料，儿子却坚定地说："书，一定要出。爸爸，你放心吧！我一定努力学习，明年保证考上市重点高中，不让您多花钱，我再和姐姐说说，让她也努力，争取考上大学，我俩省下钱来给您出书。"听了儿子的话，我心里"呼"的一下燃烧起来，热得心里不知道是什么滋味，这种滋味，恐怕只有为人父母的才能体会得到。

我没有马上回答，儿子用期待的眼光看着我，似乎在说：爸爸，您不相信吗？我半开玩笑半认真地说："好！咱俩说话算数，'军中无戏言'。""算数、算数！咱俩拉钩，也可以立军令状。"儿子把手伸过来，我和儿子的手指紧紧地勾在一起。

说干就干，我马上取出在箱底压了七年的文稿，打开包裹得严严实实的报纸，厚厚的两册文稿呈现在面前。我用了大约一个月的时间，把文稿重新修改了一遍，通过我哥哥的帮助，介绍给北京新华出版社。出版社主管领导审阅后，作了批示：文章文笔流畅，层次清楚，语言简练……同意出版。

11 月 7 日，出版社的编辑约我到北京协商出版事宜，一切协商妥当之后，我告诉她，想求启老为拙作写篇序言，她十分惊讶地说："能求得到吗？""试一下，还是有希望的。"我似乎胸有成竹。

当晚 6∶30 分，我拨通了启老的电话，告诉他老人家，新华出版社已经同意出版我的拙作。启老用略带沙哑的声音十分高兴地大声说："祝贺您，祝贺您！"又紧接着说："您还有什么营生要我给您做?"

我告诉启老现在还缺篇序言,不等我开口再说什么,启老马上接着说:"好,好!我再给您写个序。请您明天上午到我这里来,咱们再商量一下。"

11月8日上午九点,我来到启老家。启老看见我,把双手合拱,高兴地说:"祝贺您、祝贺您。"

屋里高朋满座,启老正在鉴定字画。这是我第一次看见启老鉴定字画,心里非常高兴,也凑到眼前,过了一把瘾,附记在后面。

启老鉴定完字画,我简单地向启老介绍了书稿出版情况,启老让我过一个星期再来取序言。因为我还要到南方各毛笔厂去补充些资料,我俩商定,由我哥代我来取。

我风尘仆仆地32天后返回北京。看到启老撰写的序言,我惊呆了,我本想请启老简单地题几个字,或者写几句话,求面大旗,掩盖垃圾,没想到启老认认真真地作起了大文章,每页四百字的方格稿纸,满满地写了五页。我读完一气呵成的洋洋两千多言的大作,不知道该说什么。这两千多个字,对81岁高龄的启老来说,又是多么沉重的事情。白天,启老是没有时间静下心来写文章的,只有深夜以后的时间,才是启老有自主权的时间,又是一个不眠之夜啊!

我把启老写的序言交给出版社,编辑喜出望外,她怎么也不会想到,一个农民做的"泥塑",竟然戴上了启老精作的皇冠。

1995年3月6日,十分巧合的是距我给启老打电话前后正好是16个月,从北京拉回我家,一捆一捆的拙作,使我的茅屋溢出油墨的芳香。我手捧拙作,看着"《中国毛笔》启功题签"

的封面，读着已经变成印刷体的序言，想起整整十四年的日日夜夜，我实在管不住自己的眼睛，干脆把大门关上，自己在家里，痛痛快快地放声大哭了一场。

不知道哭了多长时间，我的眼泪干了、眼睛亮了，心中畅快了，十分舒服，嘴里不由自主地念叨起来，一遍又一遍……

这是一幅中堂画，可真够大的，画心宽足有 800 毫米以上，用上好的花绫装裱，品相完好。画的是一株盛开的牡丹，在画上方的中央，钤一枚慈禧太后的大印，印迹约在 100 毫米 × 100 毫米以上。在印的左下方部位，用规规整整的楷书题了一首诗，署名好像是"潘祖荫"题，诗句记不清了。启老把画卷打开大约有半米长，下边的部分没有再打开，打开估计还不到"半张"。启老先上下打量了一遍，又仔细地看了大约有三分钟，把画慢慢地卷起来说：印章对，题字也对，画是原作，不过不是慈禧画的。稍微停了一下，启老又说了一句：兵荒马乱的，慈禧哪里还顾得上画这么大的画。

客人把画包裹好，从提包里拿出三只宋锦盒。打开最大的一只，取出一个仿哥窑"笔洗"。又打开一个盒子，是一个仿哥窑的"印盒"。还有一长方形的盒子没有打开，我猜测应该是个"笔山"吧？客人的意思是送给启老，启老有些惊讶地拒绝了。客人不愿意带回去，启老有些急眼地说：拿回去，拿回去。您看我这地板是木头做的，别把这楼板压塌了。启老说完，笑了，大家也都笑了，客人也只好把东西收拾起来带回去了。

在以后十几年里，启老给我讲书画知识的时候，还曾经多次涉及有关书画鉴定方面的知识，但是，大多数是"捎带"讲的，比较"整齐"的还有两次，我也一起记在这里：

　　新加坡的客人给启老送来《潘受书画集》，还带着一件手卷，请启老鉴定。这是一幅行书书法长卷，品相完好。启老把长卷打开约 1 米左右停下来，启老眼睛有病，就拿着放大镜，仔细地一行一行看起来。看完打开的这段，启老没有再继续往后打，实际也就没看到长卷最后的署名和印章。启老对客人说：这是一件仿"王铎"的行书卷，客人点了点头，看来启老判定"王铎"是对的。启老没有再说什么，没有说出判定是"仿"的依据，也没有指出其中的某一个字加以评论，就把长卷收起。启老鉴定的时候，客人要拍照，被启老拒绝。启老说眼睛有病，最怕闪光灯光刺激。

　　送走了客人，启老告诉我：鉴定字画的时候，不能随便拍照。因为如果拍了照，以后别人就会说：这幅字画经某某鉴定过，是真迹，还有照片为证。他们随便说，咱也不知道，管不了，很讨厌。

　　还有一次启老跟我说起鉴定字画有时是件很烦恼的事情。启老说：过一会儿，我还要去看一幅古画，据这位收藏者说是明代的画。启老稍微停了一会儿又说：这幅画是某医院一位大夫的家传。我这次住院，人家对我很照顾，给人家添了不少麻烦。人家还很不好意思地说出这件事情。既然人家说出来了，我也不好拒绝，只好给人家去看一下。鉴定古字画，麻烦很多。鉴定博物馆里的藏品还稍微好些，特别是鉴定私人的藏品，麻烦事太多，太多。除了因为古字画年代久远，一些当时的代笔仿品鉴定起来比较困难，容易出现差错以外，就是看得对，看得准确，也容易出乱子。如果是家传的藏品，你说是仿品，惹得藏者有疑惑，不同意或者不高兴倒还好说；一些购买的或者赠送的东西，你说是仿品，就会惹麻烦，惹得他们双方都不高兴，所以最好是不看。不过，有的时候又必须看，不看不好。

以前，我看到启老鉴定字画，是从心里羡慕，敬佩。听启老这一说，才知道以往自己只看到一簇簇的鲜花，只听到一阵阵的掌声，却没有想到鲜花和掌声背后的苦处，真是"事未经过不知难"。

做系列"青山白云"

认识启老十几年了，随着时间的推移，当面欣赏启老写字的次数越来越多。每当看到启老拿着同一支毛笔，写完大字再写小字，特别是启老用最喜欢的2号青山白云毛笔，既可以写出字迹面积150毫米×150毫米的大字，又写出了拙作封面"启功题签"四个字迹面积仅15毫米×15毫米的小字。当时，只知道鼓掌，只知道赞叹启老书法艺术功底的深厚，却没有想到应该给启老制作大小最合适的毛笔。其实，说到底毛笔是工具，和其他各式各样的工具一样，都有它的适用范围。一套扳手，从小到大有十几种，甚至几十种规格，以适用不同规格螺丝帽的需要，"大马拉小车"，只是在不得已的情况下凑合而已。如果通篇作品都是较小的字，用较大的毛笔去完成，总不如选择大小合适的毛笔顺手，我为什么不能再重新设计一下，把毛笔从小到大形成系列，让启老这些书法家们写起字来更舒服些呢！

我把给启老制作的几种毛笔的笔头长度和直径排列了一下，就清楚地看出，笔头直径较小的几种狼毫毛笔和直径较大的几种提笔，都能较好地适应书写要求。唯有启老最喜欢使用的2号青山白云笔，使用范围太广，有的时候是大马拉小车，有的时候又小马拉大车。尽管启老特别喜欢使用2号青山白云毛笔，但是我如果再给启老制作一种笔头稍微小一些，使用性能和2号青山白云基本相同的毛笔，代替2号青山白云用来写较小的字，相信启老一定也会喜欢。

我决定把原来2号青山白云毛笔的笔头直径增加了0.5毫米，笔头长度相应增加4毫米，制成笔头直径9.5毫米，笔头长度44毫米的新2号青山白云。再做一种笔头直径8.5毫米、笔头长度35毫米的3号青山白云毛笔。

我把3号青山白云毛笔的笔头造型确定为笔尖和笔脖都稍微丰满一些的"胖宝塔尖型"。这种造型的毛笔，笔尖可以写出较细的笔道，又有较粗的笔脖做扶持，使笔尖比较尖锐、运转有力，还利于向适当增粗的笔腰过渡。而适当增粗的笔腰是以柔性见长毛笔的顶梁柱。

确定了3号青山白云毛笔头的造型后，我又把可以选为主要原料的黄鼠狼尾、山羊毛和紫毫的性能做了比较。按照传统工艺，做笔头长40~45毫米的高档毛笔，通常会选用黄鼠狼尾为主料做成狼毫笔；也可以选用紫毫为主料做成紫毫笔；还可以用紫毫和山羊毛混合在一起做成几紫几羊笔，因为黄鼠狼尾毛和紫毫都可以达到这个长度。狼毫笔和紫毫笔锋颖尖锐，健力充足，历来被使用者视为上品。但是，我却有自己的想法，上述高档狼毫毛笔和紫毫毛笔有它们各自的优势，也有它们的不足。这两种毛笔，笔锋尖锐，笔腰刚健，最适宜写柳、欧等楷书字，如果写行书字，则会缺乏必要的柔性。启老写楷书字，有行书的笔画和韵味；写行书字，又有楷书的风格。他虽然已有八十多岁的高龄，但是，写起字来，手臂仍然不颤抖，不需要靠毛笔的健力来支撑臂力。话又说回来，如果胳膊无力，手腕颤抖，单纯靠毛笔的那点健力来支撑也是无济于事的。常言说"习惯成自然",毛笔和其他工具相同,都需要和使用者有个互相适应的阶段。启老用惯了2号青山白云毛笔,我再把3号青山白云毛笔的性能制作得和2号青山白云毛笔相似,相信启老使用起来也一定很顺手。

2号青山白云毛笔的笔头是选用白尖锋为主料做成的,3号青山白云的笔头比2号青山白云的笔头短些,按照传统思路,制作3号青山白云毛笔,肯定会选用白尖锋做主料。我却"不务正业",另起炉灶。我在前面说过,在笔料山羊毛家族中,在长度可以达到的范围内,论质量通常是一尖锋、二光锋,其他品种则相对居后。还有一种并不被器重的山羊毛叫"脚爪锋",这种山羊毛长度一般不超过40毫米,锋颖比尖锋和光锋山羊毛短,也没有那么透明,毛杆也不如光锋和尖锋山羊毛那样匀称和漂亮,显得有些粗糙。但是,我却对脚爪锋另眼相看。我认为这次制作的3号青山白云毛笔,笔头较短,如果选用的山羊毛锋颖过长,达到8毫米以上,这几乎占去毛笔头长度的四分之一,必然会造成笔尖过于柔润,缺乏刚性。受毛笔头长度的限制,又不能在笔尖部位掺加健性原料调整柔性,所以,使用效果不会很理想。而脚爪锋山羊毛的锋颖较短,毛杆比较粗壮,正好可以物尽其用。针对脚爪锋毛杆较粗糙的弱点,可以选择毛杆细腻的山羊毛,再掺加少量的白马毛做披毛,把笔柱紧紧地拢抱住。另外,再加入经过精心加工的苘麻,就能很好地发挥团结作用。

现在,我把用脚爪锋山羊毛为主料给启老做毛笔的"秘密"坦白在这里,业内师傅可能会笑话我,说我给启老吃"粗粮"。其实,现实生活中,有很多不守常规的例子倒也能起到事半功倍的效果。这里借用20世纪60年代生活困难时期的一句常用语,叫作"粗粮细作"。比如地瓜，过去被规定为粗粮，通常都是煮着吃，吃得多了还能引起消化不良。现在，用烤箱把地瓜烤熟，不也闻着香气诱人、吃了暖人胃腹吗?

　　我把重新制作的 1 号、2 号、3 号青山白云毛笔做好后，第一时间寄给启老，请他试用指教。启老收到毛笔非常高兴，给我回信说"无一不精"。当然，这是对我的鼓励与鞭策，是给我指出了努力的方向，天下没有百分之百的事情，我从来不敢那样奢求。只要启老喜欢使用，用着顺手，用着高兴，我就心满意足、谢天谢地了。

送书起名记

　　拙作《中国毛笔》拿到手已经半年多了，我心里十分着急，应该尽快给启老送书。但是，每天总是琐事缠身，挪不动、走不开，心急如焚也无济于事。企业每天要运转，麻雀虽小，五脏俱全，销售、供应、生产，这些务实的项目，不敢有半点懈怠，企业的员工每天都要吃饭啊！上级领导视察指导，职能部门检查验收，各色轿车的迎来送往，这些务虚的"门面"也不敢小觑，各种关系都要处理妥当。幸好有各级领导的指导帮助，全体员工的团结合作，当然也有我厂的遵纪守法，诚信服务，企业多次赢得"先进企业"等荣誉。

　　1995 年隆冬，我终于抽出时间来到启老家。启老高兴地握着我的手说："兆志先生到，欢迎欢迎。"启老如此抬举我，自然也惊动了先我而至的另外两位客人，他俩也站起来和我握手问候，启老向两位客人介绍说："兆志先生是毛笔专家。"

　　"兆志先生"、"毛笔专家"，启老已经好多次这样称呼我。每当听到启老这样称呼我的时候，我都感到头皮发麻，脸涨得通红，不知道怎么是好，这次也不例外。对于这样的称呼，我实在是担当不起，我也多次和启老声明，"板凳宁坐十年冷，文章不写一句空"，是"节约"。什么都要节约，说话也要节约，不能浪费，这么啰唆的称呼也是浪费，以后干净利索地称呼我"笔工小李"最好。可是，我的声明总是不奏效，启老的理由是左一条、右一条，风趣幽默的大道理多着呢！

为了尽快摆脱窘境，我也想尽快离开，免得影响启老接待这两位客人。我急忙从书包中拿出九本拙作递给启老，十分高兴地说："启老，我给您送小册子来了，请您指教。"

启老双手郑重地接过拙作，高兴地说："好，好！瞧，这书印得多好！这可是正儿八经的东西，祝贺您，祝贺您！"说着，启老递给两位客人每人一册说："我代表兆志先生送给您两位每人一册。希望您多多指教。"两位客人自然十分高兴地接了过去。启老又留下一册，放在桌子上，认真地说："这可是本好书，我也得瞅个时间学一学。""啊呀！千岁爷掉到井里啦，捞驾不起呀！"我给启老开了一句玩笑。启老也大声笑起来，笑得是那么痛快那么灿烂，那么洋洋得意。然后，启老又把剩下的书递给我说："我留一册就够了，这些您带回去，以后用的时候，我再向您要。"

启老翻看了几页，又站起来说："这桌子上东西太乱了，还是先放这里吧。"启老转过身，把背后书架里的书，往一起挤了一下，把拙作塞了进去，启老背后的两个大书架，着实是够大的，每个足有两米多宽，两米多高吧。书架里塞满了各种各样的书，还有好多书刊杂志，堆放在沙发扶手上，墙角上。整个屋子里，除了座位和通道以外，其他的地方都有书，真是名副其实的"书房"。看到自己的小册子能在启老的书架上占有一席之地，实在是让我受宠若惊了。大约过了四五年以后，我又认识了一位朋友，朋友告诉我：他第一次知道"李兆志"的名字，就是在启老家里向启老请教书法的时候，说到了毛笔，启老告诉这位朋友，自己喜欢使用山东莱州李兆志先生做的毛笔，启老又从书架上取下《中国毛笔》向这位朋友推荐。

启老送走了两位客人，屋子里只有我们俩，气氛顿时轻松多了。启老先是问了一下生意情况，我告诉启老，企业一切还好，手工活，做不快，产量很低，这也是手工作坊的特点。做得快了产品质量难以把握住，容易出次品。现在，都在搞代销，有些商店货卖出去了也不给钱，采取"要钱钱没有，要货货没有，打官司头前走"无赖做法。咱打不起官司，扯不起皮，只好不给他们供货。"对！不给钱就不能给货。"启老很气愤地说。

为了缓和一下气氛，我马上把话拉回来说："什么事情都是祸福并行，产量少，也有少的好处，我可以有些时间，临写您的字，不是更好吗！"

"也好、也好！终日太累了，身体也受不了。不过，我的字写得不好，您多指教。"说完启老又高兴地笑起来。

看到启老高兴，我心里也踏实多了，后悔不该在启老面前说那些不愉快的事。人老了，喜欢听高兴的事。所以我接着说："我现在可舒服了，企业经营遵纪守法，足额缴纳税款，做到'三不'：不偷、不漏、不拖欠，税务机关还评我厂为先进。我们老家有句俗话：拿上银子不怕官，不打爹娘不怕天。我缴上银子，把家门关上，看看书，写写字，在五间茅屋里做大王。"启老和我一起笑起来。

我不能再给启老浪费时间，话题自然转到拙作上。一说到拙作，启老是打心眼里高兴，张着大嘴，眯着眼睛，乐得简直像个小孩子，突然，启老问我："您今年多少岁？""50岁。"我习惯说虚岁。"我出第一本书是 51 岁，陈垣先生出第一本书是 52 岁。"

启老真是高兴过火了，竟把我和他还有陈垣先生放在一起相提并论。没等启老再说下去，我马上打断他的话，急眼了："您怎么啦，糊涂了，怎么能把我和您还有陈垣先生放在一起比，您这是'拿着块砖去比天'啦。"我知道启老的脾气，喜欢直来直去的个性，有话你尽管说，声音大一点也没关系。如果您敢顶撞他，敢挑他的毛病，他倒挺高兴。

果然，启老被我顶撞得真高兴，真开心，我俩都开怀大笑。启老今天为什么这么高兴，这么开心，其中主要原因就是因为一个中学还没毕业的学者，用"激将法"激起一个初中毕业生的勇气写成了一本小书。正如启老在纪念陈垣先生诞辰百年撰写的《夫子循循然善诱人——陈垣先生诞生百年纪念》中写道："1963 年，我有一篇发表过的旧论文，由于读者反映较好，修改补完后，将由出版单位作专书出版，去请陈老师题签。老师非常高兴，问我：'你曾有专书出版过吗?'我说：'这是第一本,'又问了这册的一些方面后，忽然问我：'你今年多大岁数了?'我说：'51 岁'……老人这时竟像一个小孩，看到自己浇过水的一棵小草，结了籽粒，便喊人来看，说要结桃李的……"

这段话是三十多年前，陈垣先生对启老说的。三十多年后的今天，把启老比作当年的陈老是再合适不过了，唯一不恰当的是：我不是当年的启老，或者说不应当放在一块比。借用王世襄先生说的一句话吧：2007 年 5 月的一天，我和王老通电话的时候，我告诉王老，我拜读王老赐予的《锦灰一、二、三堆》等大作，获益匪浅，王老的大作可以和启老的大作相媲美。我把您二老的大作放在一起拜读，是珠联璧合。王老抢着说："我可不敢和启老比，我都不如启老鞋上黏着的那点泥。"王老的这句话，过于自谦，也显示出王老对启老的尊敬。而用在我身上可是再合适不过了。

门铃又响了，启老告诉我，是某先生来了。某老也是我久闻大名的学者，在我国文史界大名鼎鼎。为了不打扰这对我国文史学界的泰斗，我马上站起来要走。启老不让我走，让我在书案对面的椅子上坐着，启老自己去开门。

某老还带来一位看上去四十多岁的中年人，某老介绍说是××日报的记者。大家互相问候以后，启老又坐到椅子上。某老坐在紧靠着启老的单人沙发上，记者坐在某老对面的双人沙发上。

启老称某老为老兄，某老称启老为老弟，这对老顽童互相调侃、互相打趣，说得是那样的投机，笑得是那样的天真，互相用谐言词语或者古典故事逗趣，一个唱出，一个巧和。某老对启老说："您是真正的文史馆员，我家对面是厕所，是'闻屎馆'。"这对年龄之和一百七十多岁的"顽童"，又是一阵仰天大笑。我坐在那里，是鸭子听雷鸣——只知道响了，唉！谁让我的腹中只有山野花香、泥土芳香，唯独缺少书香呢？

记者和我坐在那里，仿佛是在听一堂生动活泼的语言课。一会儿，某老站起来，到洗手间去了。记者抓住这个时机，马上从提包里拿出一张报纸，站起来铺在启老的书案上。因为我和启老对坐在书案的两侧，我清楚地看到，在这版报纸中央的位置，登载了启老的彩色照片，受报纸纸质的影响，彩照效果不是很好，还附载了文字，文字的标题我还没来得及瞅，记者指着启老的彩照说："您的像，我安排在这版的中央。"

　　启老随便看了一眼，随和着应了一声。不知道是记者没有听见启老的应声，还是有其它想法，马上又指着彩照，用稍大些的声音重复说："您的像，我安排在这版的中央。"启老没有再瞅报纸，也没有再应声。

　　不知为什么，记者又抬起头，两眼看着启老，再次用手指指着彩照说："您的像，我安排在这版的中央。""我的像安排在中央，我的像安排在中央。"启老猛地转过脸来，用手指戳着报纸大声说，手指敲得桌了"呼呼"响。

　　启老说完，大约又过了两分钟，某老走进来，启老又用手敲着报纸，用同样的大声，和某老说："您的像，我安排在中央。"屋子里静下来，谁也没有再说话。

　　大约又过了两分钟，启老又恢复了原来的笑容，和某老又开起了玩笑，笑得还是那么美好。

　　这是我和启老相识 25 年里，唯一的一次看见启"发火"。我不管启老是否同意，我也不可能再征得启老的同意了。我还是把启老发火的过程，真实地记录在这里。

　　送走了某老，启老又高兴地告诉我：最近做的 2 号、3 号青山白云毛笔都很顺手。我知道，手工产品不可能都顺手，启老是给我留面子，连忙说："挑着顺手地用，不顺手地扔掉，用完了，我再做。""哪能舍得扔，都好用。我用完了，有时候都藏起来，要不，会被他们抄走的。"

　　"抄走了，不要紧，我可以再做，那是宣传品。"

　　"我可真给您做宣传员了。对、对!"启老高兴地说着，一副老顽童的模样。

　　启老说的"抄走"一点不假，确有其事。不但毛笔书籍等东西被"抄走"，甚至连书法大作有时候也被"抄走"。我曾经亲眼看见书法大作被"搜"出来，启老还要再把印章盖整齐，然后被"抄走"。这些"他们"，可不是别人，是启老的挚友和爱徒，他们当着启老的面把东西"抄走"，启老还哈哈大笑相送呢！

　　约莫一个小时过去了，我起身要走。启老谈兴正浓，让我再坐一会儿，我俩的话题自然又转到拙作的出版上。启老十分高兴地说："您的专著出版了，这可是个大好事。您每天制作毛笔，瞅点空，写写毛笔字，再写点研究毛笔制作的文章，有多好，您有多幸福。"

　　"是，是，我这是托您的福。我自己也觉得很幸运。"我笑着说："每天做点毛笔，挣点吃饭钱。有饭吃了，不愁了，再写写字，读读书。前年，我把住房重新修建了，挤出了半间屋，请木匠师傅做了个大书架，又做了个大书桌。书架上有书，书桌有毛笔，其他'三宝'也一位不少，墙上挂着您的墨宝。虽然屋子小一点，大小也算是个书房了。我坐在里面，当上'书生'了。"说着说着，我不假思索地顺口说道："我的书房还没个名字呢，请您给书房起个'小名'① 吧。"

　　"对，应该给书房起个名字。不过，这个我要再想一想，麻烦您后天下午再来一趟。"启老笑着满口答应。

　　启老要给我的书房命名，我真是从心里高兴。不过，我刚才当上"书生"的时候，高兴得也太过分了，随口说出请启老给书房起个名字。我那半间小屋，还敢称为书房，倒不如称为

---

　　① 方言，就是名字。

"茅庐"。启老要给这样的书房命名，可真是一朵鲜花插在牛粪上了。

我又如约来到启老家，屋里"千载难逢"没有客人，启老正在修改文稿，书案上放着厚厚的两大摞稿子。启老让我坐在书案西侧的椅子上，自己从卧室搬出一张北京市场上常见的铁腿折叠桌，又称"靠边站"。在单人沙发和双人沙发之间的过道上支起来，再取来毡垫铺在桌子上。又拿来一个小瓷盘，从窗台上取来墨汁瓶，把墨汁倒进小瓷盘里，又取出一支新的2号青山白云毛笔，放在水杯里泛开，到卫生间里把毛笔冲洗了一下，把毛笔头的一半浸在墨汁里。启老又取来一张瓦当纸，铺在毡垫上，用铜镇纸压住。启老这一套工作完成后，我发现了房间小有小的好处。这个狭窄的小过道正好放下折叠桌，从桌子旁边勉强还可以通行。从桌子北边往北走一步，就能取来瓦当纸；往北走三步，就可以走出房间；从桌子的南边往南走一步，就可以从书案上取来铜镇纸；再往南走两步，就可以伸手取来放在窗台上的墨汁瓶，多"方便"啊！如果不是我亲眼看见启老支折叠桌，一定会想象启老宽敞明亮的书房里，偌大的书画案上，铺着平整的毡垫。书案的一角，放着雕龙刻凤的笔架，笔架上挂满了琳琅满目的毛笔。古朴的端砚墨池里，散发出沁人肺腑的墨香。古色古香的多宝阁里，摆满了明清瓷器。墙上挂满了名人字画。启老或端坐，或站立在书画案旁边，创作出划时代的墨宝。谁也不会想到，那些收藏至密室的墨宝，好多是在过道上临时支起的折叠桌上创作出来的，真可谓"豪华摇落尽真淳"啊。

一切布置妥当，毛笔也浸透墨汁，启老握着笔杆，在小盘的边沿上把笔头轻轻地"顺"了几下，轻松地写起来；心平气和，一笔一画，慢条斯理，顺手拈来，嘴里还照例念叨着：真好用，真好用！您看这一道横画写得多么舒服，笔要是没有锋尖，是写不出这样的笔画的。不一会儿，"云峰聚胜庐"五个大字，跃然于纸上。启老又把毛笔头在小瓷盘边沿上轻轻地"顺"了几下，笔头"顺"整齐以后，把毛笔头的上半部蘸上墨汁，再在小瓷盘的边沿上慢慢地"顺"几下，用毛笔的尖部题写了上款和下款。然后放下毛笔，取来印章和印泥，把印章盖整齐，又把印章和印泥放到原来的地方。再取来一小盒滑石粉，拿过来一支干毛笔，蘸一点滑石粉，涂在印迹上，防止印泥沾污其他地方。

我屏住呼吸呆呆地站在那里，一动也不动地专心欣赏着启老写字。欣赏启老写字，已经好多次了，每一次都是一次与众不同的享受，都有不同的感受。启老写字，好像是小孩玩积木、拼图板，或者像我们老家的老太太，坐在自家的大门口，用麦秸草拃草帽辫，风平浪静，轻松自如。

欣赏启老写字的另一个注意事项就是千万不要动手去帮忙。即使是取墨汁瓶、取滑石粉盒这些举手之劳的事情，启老也要自己去做。凡是自己能做的事情，启老从来不让别人去做，这可能也是长期养成的习惯。

一切停当，我顿时活跃起来。鼓掌、叫好一齐端来，启老连忙说："不好，不好，请您指教，请您指教。"

我们两人逗趣了一会儿，我说："您现在只完成了一半任务，还有一半任务没有完成，您还要把这五个字给我讲明白。"启老笑着伸出手指，指着我说："您呀，工农商学兵，样样都沾着，莱州好事都聚在您家了。""好，好！好事能聚到我头上，是托您的福，是您的功劳。""不是，不是！那是您努力的结果。"又是一阵会心的笑声。

墨迹晾干了，我不能再打扰了，马上起身告辞。启老把墨宝轻轻地折叠起来，用大信封装好，双手递给我说："写得不好，请您指教。"然后，把所有的"道具"和"舞台"都撤走，各就各位，"宽敞"的过道又显现出来了。

启老拉着我的手，送到门口。我不好意思再让启老送我，连声说："别送了，别送了，我自己会走。"就抢先打开房门，又打开保险门，一步迈出门外，随手把保险门带上，把启老关在门内。谁曾想，这招也不灵，启老又打开保险门，走到楼梯口，还是双手合拱高举："再见、再见。"等着我下到一楼，迈向大门，启老才回去。

我走出红六楼大门，信步向北师大东大门走去，手里的提包越来越沉重，脚步也越来越慢，简直是一步挪不四指了，我干脆不走了，一屁股坐在路旁的条椅上。凛冽的寒风"嗖"的一下从我脸上刮过，我习惯地摸了一下脸，脸腮还没有被寒风撕开，完好无损。我顺手把羽绒服的帽子戴在头上，两只手臂交叉，把手紧紧地夹在腋窝里，脑袋依在条椅的靠背上，仰望着天空，风狂刮地卷，冬深气更高。一朵朵洁白似玉的白云，在蓝天的映衬下，那么舒展，那么美丽，那么自由自在。

不知道什么时候，夹在腋窝里的双手自作主张挣脱出来，小心翼翼地把提包拉链拉开，我看到墨宝安然无恙，仍然静静地卧在提包里，没有被寒风摧毁，我又小心翼翼地把拉链拉好，把提包揣进羽绒服里贴着心脏的地方，让墨宝也听听我心律不齐的"砰"、"砰"声。

"云峰聚胜庐"、"工农商学兵"、"云峰……"

　　我反复地咀嚼着，咀嚼着。我发现，一向治学严谨的启老，也有牵合附会的时候，说我工农商学兵，样样都沾着，就有凑合的地方。如果说工农商学，我还可以沾点边，那个"兵"呢？

　　启老啊，启老！您哪里知道，我的确曾经和兵擦肩而过，痛失良机。那是1965年冬天，我也积极地报名应征，梦想到解放军大学校里锻炼成长。体检过关以后，两位带兵的解放军同志曾经两次到我家，和我促膝长谈，还夸奖我写的对联。特别是第二次到我家，他俩给我留下一丝欲说不能的感觉。临走的时候，那位年纪较大的解放军同志，还握着我的手说："小伙子，要有一颗红心，两种准备，做到走则高兴，留则安心。您还年轻，以后机会多得很，只要好好干，就会有成绩，有出路。"就这样，和我一起长大的两个伙伴光荣入伍，我只能作为青年代表在欢送会上为他们送行。说到民兵，我还真有点"辉煌业绩"，曾经连续几年任村民兵连的文书，组织民兵学习，宣传好人好事，搞得热火朝天。直到"文化大革命"清理阶级队伍，我才被"罢官"。不过还保留了我的民兵资格，也在无意中给启老保留了凑合的素材。

　　过去的永远过去了，不再去想吧！不管是凑合，还是符合事实，"云峰聚胜庐"的书房名字我是用定了。

启源、郑喆说启老

1997年6月24日晚上八点，我乘青岛——北京特快到达北京。时间太晚了，我没有给启老打电话。

第二天上午八点，我拨通了启源先生家的电话，他正好在家里，我即刻乘车前往。

启源先生是启老的本家弟弟，我俩认识也已经有七、八年了，这也是启老担任宣传员的功劳。启源先生比启老小七岁，个子比启老高些，身体也比启老粗壮，也从事教育事业。他自幼受家庭传统文化的熏陶，喜欢书法，又得益于有启老这个兄长的指教，练就了扎实、规范的基本功，书法风格和启老相似。

启源先生热情地接待我，和我并排着坐在大沙发上，启太太为我俩沏了茶。先生身体很好，只是稍微胖了些。他告诉我：最近血压有点高，行动起来，腿脚有些不太方便。以前，有点空闲时间大多用于学习书法，不注意锻炼身体。现在，要把过去欠的债还上。

我把1号、2号青山白云毛笔交给了他，他十分高兴，连声说："谢谢，谢谢！"

我说，这些毛笔看起来和启老使用的青山白云毛笔相同，其实不完全相同。我根据您的书法风格和身体状况，在选料相同、工艺相同、保持原来青山白云毛笔特性的前提下，把毛笔头的直径和长度都适当增加，又加了健性辅料，特别是茼麻的含量，力求适合您的需要。一人一笔，因人制宜，不能千篇一律。我还把笔杆改为褐色竹杆，便于分辨。

启源先生十分同意我的意见，马上倒来一杯清水，拿了一支2号青山白云毛笔泛开，蘸着水，试了一下，连声说："好用，好用！我喜欢用这种稍微刚健些的毛笔。不过，太硬了也不行，写字的时候，笔尖容易开叉。太好了，太好了。谢谢您，谢谢您。"

先生放下毛笔，十分真切地说："我要用您做的好笔，给您写幅字。不过，我不是我老兄，老兄能当时题写，我的功夫不行，要先练习一下，等我写好以后，给您寄去。"

我连忙高兴地说："好！谢谢您，谢谢您！不着急。"我知道，这并不是先生客套，是真心话，我认识的老书画家好多是这样。如我们山东的蒋维崧先生，蒋老的书法艺术，不论是小篆还是行书，在书坛都是大名鼎鼎。蒋老在人声鼎沸、众目睽睽之下很少提笔写字，而总是喜欢把自己"关"在屋子里，静下心来写字。

启源先生把放在桌子上的照片取过来递给我，这是先生题写的："冀东胶合板批发市场"。我仔细地看着照片说："这个照片上的字，如果不看署名，一定会认为是启老写的。我在北京街上曾经看到了块匾，远看，是启老写的；走到跟前，才看出是您写的。您写的字很像启老，在许多学习启老书体的书法家中，您是近水楼台，名列前茅的。"

"不行，不行！我可不敢和老兄比。"启源先生接着说："我从小随老兄学习书法，一直到现在，从来没有间断。我的功夫不行，比老兄可差得远了。老兄很聪明，看问题透彻尖锐，不论是学术还是书法，什么事情都能看透。别人认识不清楚的，他能看清楚；别人不敢说的他敢说，有独到的见解。这老兄，真是不得了。"

"启老除了学识渊博以外，人品也极好！待人真诚。"我接着说："不论提出什么问题，启老都给全面地解答，旁征博引，从正反两个方面给你解释。语言通俗幽默，条理明确清楚，听启老说话，我体会到什么是'听君一席话，胜读十年书'。这也可能是您家族的家庭教育好，文化素质高，我认识的几位：启老、您，还有毓嶦先生都是这样。"

"他们家的人都实在，都傻！也只能教书，经商是不行的。"启太太插话说。启源先生哈哈地笑着说："是这样，我们这些人也只能教书，都不能去做生意。"

不知不觉天快晌午了，启太太执意留我吃饭。我告诉他俩，我是昨天晚上来到北京的，还没有去看望启老，计划今天下午去。又是一年半没有见到启老了，不知道启老身体怎样？启源先生十分高兴地说："老兄是越来越忙了，刚刚从新加坡访问回来，正好在家里。这老兄：耳不聋、眼不花，写起字来，手一点也不打战，越活越年轻。"我们三人都高兴地笑起来。

当天下午，我给启老打电话，家中没人接电话。第二天下午三点半，我又给启老打电话，启老让我马上去，待会儿有位印度客人要来。

我马上乘车来到启老家，启老在一楼的书房里。一年半没有看见启老了，启老除了脸稍微胖了些外，其他没有什么变化。真是和启源先生说的那样，越活越年轻，越来越精神焕发，没有一点老态龙钟的模样。

一楼书房和二楼书房相同，也是里外两间，外边的一间靠南窗放着书案，靠西墙放着一张双人沙发，沙发上堆放着书籍，看来很少有客人到这个房间里来，我也是第一次进来。墙上挂着两幅字，一幅是李岚清先生送给启老的；另一幅字是临《九成宫》帖，结体规范整齐，笔画斩钉截铁，刚劲有力。我仔细地端详着，启老告诉我，这是他祖父留下的墨迹。启老以前曾经和我说过，祖父是他的书法启蒙老师，我觉得在启老的书法里面，还能品出他祖父的韵味，看来启老的书法艺术是有家庭渊源的。

启老从里间取出两本书，和我一起回到二楼书房。我赶紧从提包里掏出《启功丛稿》和《诗文声律论稿》。启老看到书，脸上露出不解的神情。我告诉启老，这是1983年送给我的书，我已经保存了14年了。这次拿回来，想再补签上名字。启老把两本书拿到手里，看了一下，笑着说："真快啊！转眼14年了，这我得签。"

启老把书放到桌子上，没有马上动笔给我签名，倒是从背后的书架上找来一本褪了色的蓝塑料皮笔记本。笔记本很旧，可能是用了很长时间了，或者经常翻用它才弄旧的。启老随手翻出笔记本下半部的一页，又拿来签字笔，十分亲切地跟我说："上次您来给我送书，您走了以后，我突然想起一件事。您能写出这样一本毛笔专著真是不容易，多少年来没有人做成的事情，被您做成了。这是毛笔行业的大事，也是您家乡传统产业的大事。我知道，写书难，出书更难，还要找朋友帮忙。我帮不上您什么忙，您提几个名字，我给您写几幅字，带回去，也许会有些用处。"

启老话音刚落，我抢着说："您这话说得不对，您给我定纲目，查资料，题书名，写序言，没有您的帮助，我做梦也不敢想能写成个东西。现在书已经出版了，一切应酬都过去了，我不需要您再给我写字。如果需要，我再来要。"

启老有些着急了，说："您别让我着急，我让您提，您就提，您就多提。"我还是没有提名字，启老有些急了，说："快提，提，提！别人是'要我写'，您是'我要写'。"

我知道启老的脾气，他要给你做的事情，你就是再推辞，也没有用，只能是惹得他不高兴。我稍微想了一下，说出了一个名字。启老在笔记本上写下李兆志，又在我的名字后边，记下我提的名字，又接着说"再提。"我又提出了一个名字。启老还没写完这个名字，又催促说："再提。""不提了，这些够了。""提，提！还要提！""再提就提李兆志。"

"哈哈，李兆志我是要写的。"又来回折腾了几个回合，我俩的讨价还价总算结束了。

启老告诉我，过几天把字写好以后，再给我打电话，让我来取，不能邮寄。原来启老让我来自取而不邮寄是事出有因的。有一次，启老给某市朋友用黄板纸卷成圆筒，寄去一幅字。谁想到，朋友收到邮件后，打开一看，只是一个空纸筒，里边的字不翼而飞了。

启老放好笔记本，正要拿起书来签名，楼下汽车喇叭响，启老站起来，从窗户向楼下看了一眼说：印度客人来了。随即有人敲门。启老走过去把门打开，进来一位翻译和两位印度人，我马上起身告辞。启老让我过一会儿，再来取书。

我下楼以后，来到北师大下属的一个单位谈点工作，这个单位就在校园内，单位领导和我彼此都认识。

　　我和这位领导谈完工作已经是下午五点了，我起身告辞，这位领导和我一起走出办公室。他告诉我，最近又出版了启老的两本集子，每天打出"小样"，都要送给启老，启老每天晚上都要校对文稿。

　　我和领导一起走到一楼，见到另一位先生，这位先生我也认识，他俩是约好一起去给启老送文稿的。我们三人一起走出大楼，我无意识地说："咱们一起去。"他俩停住了，脸上露出很难看的样子，很显然是不愿意和我一块儿去见启老。我赶忙解释，又把刚才在启老家里遇到印度客人的经过说了一遍，并且着重强调：是启老让我待会儿回去拿书的。

　　他俩的脸色变得更难看了。

　　"你不能去，我们要去给启老送稿子。"这位领导摊牌了。"我取了书就走，不会影响你们工作，不要紧，是启老让我去的。"我很不以为然地说。"启先生的脾气，你不是不知道。"另一位说。

　　启老的脾气是什么样？我真的不知道。我和启老打了17年交道，启老还一次没有和我发过脾气呢！更确切地说，连一句不好接受的话都没说过。我除了看见启老和那位记者发过三句话的"火"以外，我看见的启老，和每个人都谈笑风生，可亲可敬。我坚持要到启老那里去取书，是为了明天不再来打扰他。这样做，启老会和我发脾气吗？我取了书就走，你们再谈工作，会给你们造成什么影响呢？我真想不明白。再退回一步说，你走你的路，我走我的路，你有什么资格阻止我去启老家？就因为你俩是北师大的"主人"，我是外地来京的农民兼笔工吗？如果我坚决不让步，执意要去，你们能挡得住吗？

　　时间不允许我去多想，更没必要再去解释和争辩，我猛然醒悟过来，感到莫大的耻辱，何必呢！我马上说："好了，我不去了。"他俩倒也很客气地说了声再见，骑上自行车走了。

　　我信步向北师大东大门走去，心里像堵了一团乱麻一样难受。出了东大门，去地铁站应该向右拐，我糊里糊涂地向左走下去，心里还在琢磨着刚才发生的事情，我慢慢地想出了一点眉目；他俩是以他们的身份和经历去看待启老，我是以我的身份和经历去看待启老。不同的身份和经历，就会有不同的结果。

　　我走了半天，心里想，怎么还不到地铁站？抬起头来一瞅：北太平桥。我走错方向了。我清醒过来，感到脸上火辣辣的难受，不知道是心火上升，还是热气烘烤，或者兼而有之！我随手摸了一把脸，手上沾满了汗水，这时候我才知道：身上的衬衫只有衣襟是干的了。

　　"这个鬼天气想把人闷死。"我拿老天爷出了一口恶气。

　　我突然想起，今天是 6 月 26。六月三伏天，我们老家的气候和北京城可以说有天壤之别。在这节气中，我们老家的傍晚，莱州湾的习习海风吹走了一天的湿热，送来惬意的凉爽。我们拿着小马扎，坐在村头的玉米地旁边，三人一堆、五人一簇，议论着大秋庄稼的长势，预测着明天的蔬菜市场行情。不怕蚊虫的年轻人聚集在路灯下，喧闹声震破夜空。

　　北京的 6 月三伏天是什么样子？昔日的骆驼祥子，感觉北京城像个烧透了的砖窑，热死人，闷死人。其实，那时候的北京城只有建筑物是砖砌成的，祥子走的路大部分还是土路，土路吸收热量和散发热量的能力绝不敢和今天的水泥路相比。今天的北京城，除了上层"面板"是蓝天以外，其余左右前后和下面都是水泥板，生活在只有上面是蓝天的"水泥匣"里，应该比祥子生活的那年月还热还闷。85 岁高龄的启老，每天晚上还要熬到深夜校正稿子，这种吃苦耐劳的精神，恐怕连祥子也得自叹弗如吧！幸好启老家里安装了空调，还能稍微好些。可是，在过去没有安装空调的若干年里，在小乘巷 86 号小南房的斗室里，这位呕心沥血的老学者又是怎样熬过一年又一年的闷热之夜，又是怎样迎来一个又一个滴水成冰的凌晨呢！

6 月 27 日晚上六点半，我又给启老打电话，郑喆老师接电话，告诉我：启老开政协常委会去了，没有在家。启老已经给我把书题好，让我明天去取。

28 日上午九点，我又一次来到启老家。郑喆老师今天没有上班，热情地接待了我，把我让进启老的书房里坐下，把启老已经题好的两本书交给我，又给我沏了杯茶。我怕影响郑老师的工作，起身要走。郑老师告诉我，今天她休息，没什么要紧事，让我坐一会儿再走。

我很高兴有这么个机会和郑老师聊聊。在过去的十几年里，我来她家的次数应该说不算少。可是，郑老师和章先生每天都上班，碰见的机会不多。偶尔碰见一次，也只是互相问候一下，他们又要忙着做饭，又要处理家务，我也从不好意思打扰他们，今天是第一次能和郑老师坐下来聊一聊。

郑老师性格开朗，待人热情，又十分健谈。可能是我们认识的年数多了，彼此都十分熟悉，聊起来也就无拘无束了。郑老师首先十分歉意地说：平日忙于工作，没有时间接待我。接着又问了我的生意情况和孩子的上学情况，我做了简单的回答，然后话题自然转到启老身上。

郑老师说，启先生很忙，他的主要兴趣是做学问，是学者，写字只是他的业余爱好，业余消遣。但是，现在为了写字，占去他的很多时间，对他的影响太大。每天的接待应酬太多，忙不过来。白天根本没有时间，只好晚上去做，实在是太累了。

国外的人对启先生也很崇拜，不论是日本、韩国，还是新加坡，走到哪里都是这样。有一次日本一个代表团来到北京，在北京饭店设宴招待启先生，我（郑老师，下同）陪同前往。日本人自愧不敢和启先生交谈，一般的人员不敢与启先生同桌就餐。他们得到一张启先生或者我的名片，再签上名字，就感到莫大的荣幸了。

电话铃响起，郑老师接完电话，接着又说，现在，启先生的书稿要整理出版。他白天出去开会或者参加其他活动，晚上还要回来校对书稿。他的书稿，只有他自己校对，别人校对不了，我们也都帮不上忙。启先生每天这样忙，年龄也大了，身体实在承受不了。

我插话道，我这几次来，看到启老满脸红光，走路也比以前灵便些了，越活越年轻了。

郑老师说前几天，刚刚住了医院，启先生心脏不太好，气管也有点毛病，其他方面还都好。接着，郑老师的话题转到启老写字上。

她说启先生喜欢写字，稍微有点时间就要拿起毛笔来写字，不写正式的作品，也要找来废纸练习。启先生很珍惜纸，一张宣纸写坏了，也不会舍得扔掉，还要留着在反面练习再写。有时候，把写废了的纸，再割成小块，堆放在书案角上，随手拿来零用，或是起草个小稿，或是练几个字，这是启先生长期养成的习惯。启先生写字，总是喜欢用您给他做的毛笔。平日里，给启先生送毛笔的人太多太多了，我记不清都有哪些毛笔厂了，启先生都不收，有时候推辞不掉，勉强收下，也不愿意用，唯独愿意用您送来的毛笔，真也是神了。启先生对您特别好，经常和我们说到您。只要说起您来，他就特别高兴，特别高兴，话就说得多。您一年能来北京几次？

我回答道，一般是两次。不过，我不是每次来北京都到您家来。到您家来，一般是一年或一年半来一次。您都忙，我不愿意过多打扰。

郑老师亲切地说，不要紧，只要您来北京，就到家里来坐会儿，多来几次没关系。

我直率地接过话说：我心里是想多来几次，多和启老在一起，可以多学些东西。不过，我不能多来，启老太忙，我不忍心多来打扰。

郑老师说，是这样，来的人太多，我俩（指章先生）都上班，启先生每天都要忙着接待客人，太影响他的工作了。不过，您多来几次没关系，只要说到您，启先生就特别高兴，真叫人觉得有些奇怪。

不知不觉一个小时过去了，我站起来要走，郑老师留我再坐一会，我坚持要告辞，郑老师只好送我到楼梯口，我俩拱手再见。

我走出北师大东大门，向右拐，直奔积水潭地铁站。好容易挤进地铁车厢，车厢里不要说是座位，就是站，也无立足之地。我挤在这些陌生人中，不由心生感慨。在这熙熙攘攘的人流中，一定有像我一样从事做毛笔职业的兄弟。他们手提着代表各地技术特色的毛笔，怀着希望与梦想，来到文化古都北京，把各种各样的优质毛笔送进百货大楼、商场，送进文房四宝店，为广大的书画家和书画爱好者提供了必备工具，为我国书画艺术的继承、发扬和创新做出了卓越的贡献。没有中国毛笔，就没有中国的书画艺术，这是不需要再论证的公理。这些同业兄弟也和我一样，除了把毛笔送给商业单位销售以外，又怀着请求指教的虔诚的心，把优质毛笔送给启老，送给京城数不尽的书画家。郑喆老师说的"给启老送毛笔的人很多很多"。这话一点不假，千真万确。我也经常看到启老的书案上，沙发扶手上，堆着一盒一盒包装精致的毛笔。其他书画家里也是这样，名气越大，送毛笔的人越多，一些书画家"哀求"道："不要，不要，我家的毛笔多得都成灾了，没有地方放了，您快拿回去吧。"我的这些从农村走出来的同业兄弟，脚上的"泥鞋"把北京书画家的铁门槛给踩烂了。

我们为什么要千里迢迢来到京城，把自己辛勤制作的好毛笔，一分钱不收，央求着送给别人呢？有时候，还被人家拒之门外，把人家吓得说"笔工"色变。

其实，我们这样做的原因大约有三个：一是做毛笔的人大多数不会使用毛笔，请书画家试用，提出改进意见；二是利用"名人"效应，加强产品宣传，促进销售。这两个原因和其他产品的宣传完全相同，都是市场营销通常采用的手段。唯有第三个原因是毛笔行业所独有的以毛笔换字画。

用毛笔换字画是由来已久的事情，并不是我们这代笔工的独创。历史上没有确凿记载的暂且不论，唐代书法大家柳公权就写下这样的证据。据梁同书《笔史》载：柳公权帖云：近蒙寄笔，深慰远情，但出锋太短，伤于劲硬，所要优柔，出锋须长，择毫须细，管不在大，副切须齐，副齐则波挚有凭，管小则运动省力，毛细则点划无失，锋长则洪润自由。这段文字是柳公权写给谁的，已经无法考证了。但是，据此我们可以推断出这是柳公权试用某位笔工制作的毛笔后写下的。柳公权在表示感谢之余，写出了试用毛笔的感受，又对今后的毛笔制作提出了意见和要求。总之，这是柳公权试用毛笔的例子。至于他收到毛笔以后，付给对方的是钱还是书法大作，也无法考证了。我认为很大的可能是书法大作，因为对于柳公权来说，试用新毛笔，乘兴写幅字只是举手之劳的事。他把用这支新毛笔创作的书法作品回赠给笔工或者代办的朋友也在情理之中。他们"货换货、两家乐"，也是"公平交易"，其乐融融。

　　书圣王羲之写下我国毛笔史上第一部比较完整地记录毛笔制作工艺的《笔经》，从某种意义上，可以认为《笔经》是王羲之和笔工情投意合的产物，也可以说王羲之只是当时若干优秀笔工的"秘书"，《笔经》是由秘书签名的生产工艺档案。近现代，笔工请书画家试笔，书画家与笔工是挚友的例子更是数不胜数。北京制笔名家李福寿先生经常请京城的书画家试笔，和齐白石、金北楼等书画家都是挚友。李福寿先生和董寿平先生私交也很好。我曾经给董老定做过毛笔，董老就把用秃了的李福寿毛笔回赠给我，我至今还珍藏着这两支毛笔。所以，我推测这些书画家们会把自己的书画大作回赠给李福寿先生。

　　1980年和1982年，轻工业部举办的全国毛笔质量评比会都曾经请书画家试用毛笔。这种洋溢着真诚和谐气氛的试笔会，书画家们也很愿意参加。他们使用了一种又一种不同特性的毛笔，创作出一件又一件墨宝，是一种快乐，是一次享受。赵朴初先生在制笔厂参观的时候，曾经乘兴写下"人生一乐笔精良"的佳句。

1983 年至 1984 年，轻工业部组织编写我国第一部毛笔标准的时候，我有幸作为起草小组的成员之一，参观了当时全国生产规模较大的一些毛笔厂。这些毛笔厂都曾经举办过书画家试笔会，各厂都珍藏着许多书画名作。这些墨宝都是笔工和书画家感情交融、产品交换的见证。而这些感情交融的结晶，是不能以金钱来计算的。

千百年来，笔工"千万毛中选一毫"，试制、废弃。再试制、再废弃，直到成功，为书画家提供了各种各样好用的工具。书画家"工欲善其事，必先利其器"，他们手握适手之器，创作出传世名作，流芳百世。他们又给笔工提出了改进意见，使毛笔质量不断提高，笔工与书画家结成鱼水相依，相辅相成的关系。

大约从 20 世纪 90 年代起，由于书画作品的价格一路飙升，受经济利益的驱动扭曲了这种和谐的交融。一些笔工，确切地说其中大部分人不是笔工，拿着成捆的毛笔，逐门逐户地找书画家换字画，然后拿到市场上销售谋利，使本来就车水马龙的书画家门前变得门庭若市，影响了书画家正常的工作和休息，也给他们的安全带来威胁，使他们苦不堪言，他们只好每天铁门紧锁。我曾经亲眼看到一位画家的门上贴着这样的告示"各毛笔厂人员不要来打扰"，简直把笔工视为洪水猛兽了。这些"笔工"的行为也实在惹人烦恼，我就亲身经历过：有一次，我在山东大学教授孙坚奋先生家里，进来一位自称是××毛笔厂的笔工，拿着一大捆毛笔，请孙先生试笔，孙先生一再婉言谢绝也无济于事。于是我和这位笔工聊起一些做毛笔的常识，他支支吾吾地说不上来。原来他才16岁，是被别人从老家雇到济南来专干"换字画"的。孙先生得知原委，看着这孩子"笔工"，心里很不舒服，就从他拿来的毛笔中选了一支，给他写了一幅字，才送走了这位"笔工"。

还有一位老先生告诉我：一天，家里来了一位青年，自称是某毛笔厂的做笔师傅，和某市的某画家是朋友。受某画家的委托，送来一幅《大鸡图》。当时他心中犯了嘀咕，那位画家是知名画家，好多年以前，在一次笔会上，他与这位画家有过一面之识。以后因为相距较远，彼此年龄都比较大，没有再来往，为什么突然派人送来大作？再说，这么重要的事情，为什么没有提前通个电话？这里面肯定有问题。因此，他没有打开画卷就谢绝，请来者把画卷带回去。来者执意不走，他只好展开来看，实际上是一幅水平一般的作品，显然这位青年有问题。因此，他坚决请青年把画带走。不料，这位愣是不走，最后竟显出威胁的神情来，八十多岁的他自知不是来人的对手，只好提笔写了一幅书法作品奉上，此人方才罢休走人。

城门失火，殃及池鱼，这种不道德的行为，不但给笔工脸上抹黑，也损伤了笔工与书画家之间正常的和谐关系，我和大多数同业兄弟，发誓不做这种"流氓"笔工。鉴于这种情况，我以"平等待我"四字作为笔厂每一位员工的行为准则，即不主动打扰别人；对平等待我者，我们倾全力而为。

笔工与书画家之间不能正常的交流与沟通，并不只是笔工损失了墨宝，也给书画家选择得心应手的毛笔带来了阻碍。从20

世纪90年代开始，我和书画家的联系越来越少，甚至中断。在华君武先生和我之间就发生了这样的事：1984年前后，我在制笔厂工作的时候，曾经给华老制作过毛笔，受到他的好评。但后来中断了联系，但是我还记得华老喜欢用"玉液"、"含英"这类狼毫笔。2000年，一次偶然的机会，我托朋友给华老带去了他特别喜欢的狼毫毛笔。华老收到毛笔后，十分高兴，马上复信告诉我，他曾经多次托朋友找我，但都没有音信。十六年后再相会，实在是"再见恨晚"了。

书画家被骗的事例层出不穷，一些新闻媒体还做过报道，而笔工被别人捉弄的例子却很少有人提及，我也有必要在这里为同业兄弟"争辩"几句。其实，绝大多数笔工没有去欺骗书画家，因为大多数笔工是老实巴交的农民出身，他们带着憨厚与纯朴，怀着希望与梦想，投身到市场经济的大潮中。由于缺乏必要的防范意识，被别人捉弄的例子更是数不胜数，我师弟就是其中之一。我师弟在北京经朋友介绍认识了声名赫赫的某美院一位教授级画家，师弟虔诚地请画家试笔，画家欣然同意。师弟送给画家价值1100多元的高档毛笔。画家看到这么好的毛笔，自然喜出望外，又给师弟介绍了这个美院的四位画家，师弟照例每人奉上价值1100多元的高档毛笔，这样五位画家共收下价值5500多元的高档毛笔。他们共同承诺：每人给师弟作一幅画，留下了师弟的通讯地址和电话号码。师弟回到老家以后，朝也等，夜也盼，三年过去了，杳无音信。后来，终于盼来了这位画家的电话，电话里是这样说的："××师傅，您好！好久没有见到您了。如果您到北京来，请到我家里玩。"老老实实的师弟竟还以笑音相迎，并没有提及他们欠下的画债。我得知此事，气愤地对师弟说："三年前您送给他们的毛笔都用坏了，他们又让您去送毛笔了。"

地铁的速度真是太快了，我无边无际的遐想还没有完，北京站到了。下车的旅客把我推出了车厢，在徐徐上升的电梯上，林林总总的旅客中，我的同业兄弟也像我一样，正要返回老家。我默默地祝福他们：实实在在地制作优质毛笔，一路平安！

我把给华老制作的毛笔记在下面：

"含英"笔头直径6.5毫米、长度25毫米；"玉液"笔头直径5.5毫米、长度23毫米；"云烟"笔头直径5毫米、长度22毫米；"玉针"笔头直径4.5毫米、长度19毫米，都是以黄鼠狼尾为主料做成，属中、小楷狼毫笔。我想：华老作漫画用笔应该和写字用笔不同，漫画线条粗细比较匀称，长度往往要比中楷字的一道笔画长得多。华老又喜欢在画上题诗，字的大小也相当于中楷字。所以，我把笔头的直径适当增粗，笔腰健性增强，笔锋不像通常写字用的狼毫笔那样尖锐，也稍微粗壮一点。衬垫的时候，要特别注意笔头根部至尖部的粗细过渡自然顺畅。修笔要注意笔头平顺，防止因为笔腰健性增强造成笔腰开裂，笔锋开叉。这些狼毫毛笔，笔锋较粗，笔腰健壮，含墨量多，蘸一次墨可以多画几笔，便于华老创作时一气呵成。

击掌为号显真情

　　香港回归，普天同庆，我也紧随着电视屏幕走。1997 年 6 月 30 日晚上八点半左右，我又端坐在电视机前，屏幕里出现了大陆赴港代表团成员的图像。突然，我发现启老坐在后排中央的位置上，图像一闪而过，启老的形象仍然清晰地留在眼前，不错！一点不错！肯定是启老！我坚信不疑。启老是国内外知名学者，也有可能赴港参加庆祝活动。我抑制不住内心的高兴与激动，猛地蹿起来，欢呼雀跃，不能自己，不知道是一股什么力量在指挥着我，鬼使神差地拿起电话，给章先生和郑老师打个电话祝贺祝贺。

　　"喂，哪一位？"话筒里传来我十分熟悉的略带沙哑声，我一听这声音，惊呆了，无言以对。没有一点儿思想准备，不知道该说什么，我连忙结结巴巴地说："启老，我是李兆志。"我嘴里嘟囔着，心里在盘算着怎么掩饰，接着说："我把书拿回来了，是郑老师交给我的，谢谢您！我现在已经返回莱州。"我十分庆幸急中生智，本来还想再说"临走也没有和您说一声"的道歉话，可是，没等我说完，启老抢着说："我给您写的字，已经写好了，只是还没盖章，这几天一直很忙。"启老稍微停了一下，又说："您明天不要来，等过了节再来取。""三号以后可以吗?"我随便问了一声,只是想赶快放下电话。"可以,可以,当然可以。"

我放下话筒,擦了一把额头上的汗珠。本来就心律不齐,现在心脏更是鼓足干劲,越跳越快,可能是它也高兴,想跳出来和我一同去北京看看启老的墨宝?我用手捂着心脏,慢慢地坐下,心里怎么也高兴不起来,这么晚了,启老肯定又在家里校对书稿。每当我双手捧读启老赠给的大作,不论是渊博的学识,还是俊美的书法,都使我佩服得五体投地,哪里会想到大作后面的不眠之夜呢!我痛恨自己的鲁莽,悔恨不该打这个电话,打扰启老的工作。

这件事情已经过去十多年了,今天回想起来,我眼前又闪现出电视屏幕里那个清晰的图像,是启老,一点儿也不错!我到现在也不愿意承认自己犯的视觉错误。我曾经骄傲地认为:不用看到启老的脸,只要看到背影,只要听到一声咳嗽,我就可以认出启老;不用看完整幅书法作品,只要看到半幅或者一行字,我就敢认定是不是启老的真迹,似乎还敢判断作品创作的大约年代,但是,为什么犯这么低级的错误?今天重新回味这件事,我找出两个原因:一是庆祝香港回归,心情特别激动,高度兴奋使我产生了幻觉,又把这个幻觉转移到我心中最崇爱的人身上;二是一股力量在指挥着我尽快去启老家里取墨宝,免得再麻烦启老给我打电话或者写信。当然,这些也只是"瞎"想,我从北京回家,才过了一天,压根儿就没有想到启老会这样快地给我写字。说实在话,与其说启老给我写字我很高兴;倒不如说启老给我写字,我很矛盾。

我7月6日赴京去见启老,到北京已经是晚上八点多了,我没有立即给启老打电话。7 日下午三点半，我拨通了启老的电话，启老让我马上去。

我轻轻地敲了两下门，启老把门打开，我连忙迎上去说："启老，您好！"启老又是一个 90 度的鞠躬，伸出双手，握着我的手说："李先生您好！"90 度的鞠躬，是我见到启老迎送客人的必行之礼。"李先生"这个称呼，我也真不敢当，多次请求启老称呼我"小李"即可，启老不答应，时间久了，我也就恭敬不如从命，不再与启老争执了。

启老紧握着我的手，拉着我并排着坐在双人沙发上，紧紧握着的手还没有松开。这天，启老家里没有别的客人，老人家显得特别高兴，我也放松了许多，气氛亲切和谐。启老穿得特别整齐，洁白的衬衣、黑裤子、黑皮鞋，人显得精神抖擞。我看到启老身体挺好，打心眼里高兴，话脱口而出："启老，您是越活越年轻。我这两次来，觉得您的身体比以前好了，脸色也很好，走起路来也比以前强多了。"

"前些日子住了几天医院，心脏病不太严重，腿也比以前好点了，一切还好，不用挂着我。"启老说完，才松开我的手，站起来，要去给我取饮料，我知道不能阻止，不能损伤启老的盛情，只得从命。启老走过走廊，走进厨房，又转回身来问我："您要加冰的，还是不加冰的？"

"什么样的都行。"

启老，85 岁高龄的人了，走起路来腿脚还有点不太方便，让我坐在那里，给我去取饮料，还得问明白，要不要加冰的，我心里是什么滋味？我想不出合适的语言来表述，我把这件事情记在这里，和大家一起来体会和分享。

　　平心而论，如果要喝饮料，倒不如我自己去取。但我知道，那是不行的，启老自己能做的事情，都要自己去做，不愿意让别人为自己服务。有一次，启老盖完印章，在印迹上撒上一点滑石粉，我想动手去把剩下的粉末收起来，免得落在地板上，启老阻止我，说出经常说的一句话："我能自理。"

　　启老取来两罐饮料，又要给我打开，我赶忙夺过来说："我能自理。"

　　启老笑了，知道我是在以其人之道，还治其人之身。

　　我把两罐饮料放在书案角上，因为沙发扶手上堆着一摞书。启老又要给我开，我执意不喝，说："我把手弄脏了，没法拿您写的字了。"

　　启老拿我没办法，只好作罢，启老告诉我：原来以为我三号来，等到五号还没来，考虑可能是"七一"，火车票难买；也可能是工作太忙，又不放心，就又给我写了一封信，五号寄走了。

　　"我怕您太忙，字再没写好，晚来了几天。"

　　"早写好了，章也盖齐了。"启老站起来，到卧室去取。

　　说到办到，说让您什么时候来，肯定都准备好了，这就是启老的性格，这就是启老的为人。

　　启老从卧室里取出一卷用板纸卷得整整齐齐的圆纸筒，纸筒上写着"李兆志先生来取"，想来是启老已经告诉了章先生和郑老师，启老如果不在家，请他俩交给我。

　　启老让我打开看一下，不知道为什么，我真的有些手软，不敢或者不愿意开卷，我慢慢地打开卷筒，露出庐山真面目，最上面的是一副对联，启老用瓦当宣纸写的七言对联：

　　海鸟浮波殊自乐，山花满地不知名。

启老先开口了，笑着说："写得不好，请您指教。"

"我现在还没看见字写得好不好，我看见海鸟浮在海浪上自由自在的高兴劲儿，我现在无'管'一身轻，比海鸟还自在呢？您说对了。"我抬起头看着启老，启老笑而不答。

我翻过上联，又用手指着下联说："山花开遍原野，不是为了图个知名才开放的，而是自由自在的开放，也可以孤芳自赏啊！我这个小山花不是也开得挺欢乐吗！看来，您是又想让我当海鸟，又想让我当山花。我没有海鸟驾驭大风大浪的本事，当海鸟我不干。再说，我本来就是个小山娃（花）。"

启老哈哈地大笑起来，可就是不接我的茬，不回答我的问话。想来，启老是让我去漫无边际的"瞎"（遐）想了。

我俩又看第二幅。突然，有人敲门，我手忙脚乱地赶紧收拾，启老小声说："慢慢卷，别着急。"我把墨宝用报纸卷好，放进提包里，启老才去开门。

启老又迎来两位客人，我心想：我应该先走，也没有顾忌礼貌，没等客人开口，我抢先开了口："我回去再给您做几支小楷毛笔寄来。"

"不要寄了，我不写小楷字了。"

"我看见最近出版的几册书，都是用小楷字写成的。"

"那是以前写的稿子，以后恐怕不能再写了，把眼睛累坏了，这副眼镜也不行了，要写，还得去换眼镜。"

"眼睛是怎么累坏的？"我惊讶地问。

"这次去新加坡，宾馆卧室里的灯太暗，晚上看书不方便，卫生间里的灯还稍微亮一点，我就到卫生间里去看书。没想到，还是把眼睛累坏了，写小楷字不行了，写小字，太累人，以后我不想再写了。"启老一边说，一边用手比画着在卫生间里读书的姿势，把我和另外两位客人都逗笑了。

我提着重若千斤的提包，慢慢地下了楼，启老嬉笑地说出了在卫生间里看书，把眼睛累坏，使我的心情比提包还沉重，已经85周岁高龄的国内外知名学者，还有一大堆"家"字头衔的启老，竟然在卫生间里看书，把眼睛累坏。我听了这个事情，心里很不是滋味，不知道如果苏秦、孙敬、车胤、孙康等以刻苦学习而传诵千年的学子，他们如果听到这件事情，心里是什么滋味？我想，他们刻苦学习的精神，未必能胜过启老，因为他们当时都是学业未成的人。待到他们功成名就以后，不知道是否还能坚持这种学习精神！而启老已经是85岁，桃李满天下的教授了。我呢？

回到旅馆，打开提包，把报纸卷慢慢地展开，欣赏启老的墨宝。这是一幅启老用行草书写的自作诗，这些年来，由于学习启老的书法大作多了，大部分作品都能读下来，即使有的作品里，偶尔出现一个二个近似狂草的字，我也能马马虎虎地读懂。当然，遇到不认识的字，我一定瞅个机会请启老指教。我读着读着，觉得有点别扭，再仔细一琢磨，坏了，第三句漏写了一个字，怎么办？我真不愿意再返回去打扰启老了，等下次来的时候再补吧！可是，又一想，如果下次来的时候再补，墨的浓淡肯定不相同，会影响作品的完美，我应该马上送回去，请启老把漏掉的字补上。

我又和启老通了电话，返回了启老家。屋子里没客人，启老正在书案上写字，字还没写完，就给我去开门，我连忙说："啊呀，我打扰您写字了。"

　　启老大约看出了我的窘样，连忙说："不要紧，不要紧，这是剩下的一段纸头，不舍得扔掉，写着玩。"这是一块大约长2尺，宽1.5尺的纸，因为纸小，启老没有再支折叠桌，而是在书案上写，启老的书案也只可以放下这样大小的纸，四周都堆放着书稿和杂物。

　　启老又坐下来继续写，我站在对面大饱眼福。启老两次让我坐下，我坚持不坐，说："站着看得清楚，这是居高临下。"

　　启老笑了，也没有再说什么，继续写下去，启老是用3号青山白云毛笔在写行楷书字，字迹不大，大约有40毫米×40毫米左右，已经写出了十五六个字了。纸上也没有折叠竖格，启老只是在凭着感觉写。启老用手轻轻地握着笔杆，或者说不是"握"着笔杆，而是用手在约束着笔杆。下笔、运笔、收笔，轻松自如，笔画应该写到哪里，就到哪里，不长不短，恰到好处，笔笔到位，显示出启老扎实的基本功。可以想象出来如果头脑中没有字的完整结构，是写不出这么标准的楷书字的。启老写字的速度不算快，但也不是很慢，一笔一笔，顺其自然，在我见到的写行楷书字的书法家中，启老还是写得比较快的一位。写完一个字，稍微停一下，仔细看看，有时候脸上露出一丝笑容，然后再上下打量一下，又继续写。有时候，写出一道非常完美的笔画，启老不夸奖自己的功夫，倒还是不住地念叨：您看这道笔画写得多么准确，这样的"撇"，如果毛笔的腰部弹力不足，笔锋尖锐不够，就是神仙也写不出来。

　　启老在夸奖毛笔，不是在夸奖我，所以我也不接话茬，一声不吭，只是屏住呼吸仔细地观摩着笔画，琢磨着结构，吮吸着乳汁……

这样的"美餐",我已经享受好多次了。对联、横幅、中堂;大字小字、行书草书……但是,那都是几年前见到的。近几年里,随着启老年龄的增高,社会活动和接待来客越来越多,我已经很少看到启老写字了,特别是像今天这样只有我们俩人的清静机会,更是难逢。看启老写字,越看越舒服,越看越轻松,正如刚才启老自己说的是在玩,玩积木、玩沙堆、玩玻璃球,或者玩"过家家"。这个"老小孩",玩出来的字,纵横成行,布局严谨,笔画自然而规整。48个字慢慢地从毫端"玩"出,然后再落上"王介圃……"又签上名字,盖上印章,整幅作品的起首、落款,"天地"整齐,真是天衣无缝。教学上常有"神算"的说法,我想,在书法作者中,也有神算,启老就是这样的神算。在下笔以前,要根据纸的大小,要写多少个字,先计算好了写多少行,每行多少个字,落款和印章要占多少地方,一切都安排妥当、胸有成竹,才开始写。更令人折服的是连纵格都没有折叠,举手就写,这是真功夫。等到启老把印章都盖整齐,我才轻轻地鼓掌:"好,真好!"

"随便写着玩,不是创作,别浪费了纸。"

我从提包里,取出启老墨宝,启老读了一下,又添上一个"本"字。时钟已经指向五点了,我站起来要走,启老兴犹未尽,让我再坐一会儿。我听话地坐在启老对面的椅子上,话题自然是赞叹启老刚才写的这幅字。谁料到启老竟哈哈大笑地拿起刚才使用的3号青山白云毛笔夸起来,还十分认真地说:"我真让您给蒙住了,别人送给我的毛笔,我用着就是不顺手,就喜欢用您做的笔,离开您的笔,我的字就写不好了。待会我还要把这支笔藏到里屋去。别让他们都给我抄走了。"

"抄走了更好！那是宣传品。我可以再做。"我一只手臂放在书案上，另一只手指着毛笔很不以为然地说。

突然，启老把毛笔放下，把左手伸过来，抓住我的右手脖子，用右手在我的右手掌上狠狠地击了一掌，逗趣地说："好！好！咱俩击掌为号，您给我做笔，我给您写字！"

我一点思想准备也没有，被启老一掌击得晕头转向，慌了手脚。感谢人类具有的天生"本能"，我的左手马上紧紧地捂住启老击过来的右手，说："好，好！我再给您做五十年笔！"

四只手紧紧地捂在一起，好长时间没有松开，两个人哈哈地笑声震动了红六楼！

"击掌为号！"四只大手紧握。这四只大手，两只是已经85岁、学富五车、才高八斗的国内外知名学者的手；另外两只是51岁的农民兼笔工的手，这对没有一项指标对称的"忘年交"的手，怎么能击到一起呢！没有人能说明白，也没有必要去说明白，让它成为毛笔史上的佳话吧！

巧逢冯其庸

1998 年 4 月 16 日，我参加"中国文房四宝展览会"来到北京。我带来一架照相机，想和启老合个影留作纪念。认识启老快20 年了，还一次没有和启老合影，当晚六时五十分，我给启老打了电话，启老让我第二天下午三点半去。

我准时来到启老家。在门外，就听见屋内有启老的说话声，我轻轻地敲了两下门，没有启老走过来开门的脚步声。大约过了五分钟，我又轻轻地敲了两下，还是没有给我开门。我只好又等了五分钟。眼看着快四点了，我实在有些着急了，只好狠狠地第三次敲门。这次还真奏效，一位女士给我把门打开。

我走进屋里，启老正在用 3 号青山白云毛笔题写书名《××传》。启老停下笔，热情地让我坐在沙发上说："我听见好像是有人敲门，我估计您快到了。"

原来，我第一次敲门，启老就听见了，那位女士说，没听到有人敲门。启老正在写字，也没有起来开门。我第二次敲门，启老又听见了，让那位女士去开门，那位女士说，是敲对面人家的门，还是没有去开门。直到第三次，我狠狠地敲门，启老听得十分清楚，又让那位女士去开门，那位女士才去把门打开。我不知道那位女士真的没听见敲门声，还是听错了？还是害怕别人进来，影响启老给自己题字，故意不去开门。这恐怕只有女士自己知道了。

启老继续一笔一画认真地写着《××传》，因为眼睛有病，字也比较小，写其中一个笔画多的字，启老左手拿着放大镜照着，右手拿着毛笔书写，就这样艰难地题写了7个《××传》，再把这七个相同的、一丝不苟题写的书名都摆在书案上，逐个逐个地对比，从中选出了最满意的一个，才算"交卷"。书写者不厌其烦地写，求索者不厌其烦地等，唯有我这个欣赏者大厌其烦了。常言道：再一再二，没有再三再四之理！别说启老眼睛有病，拿着放大镜照着艰难地写，就是眼睛没有病，写出两三个，从中挑出一个，也就可以了，何必如此麻烦一个86岁又有眼疾的老人呢？

送走了这位女士，启老告诉我，刚才写的书名中××先生，是和启老在一起共事二十多年的老前辈，很受启老的敬重，这位女士是××先生的后人。我心里想：如果这位老前辈亲自来请启老题写书名，肯定不会让启老写这么多次，这也许是青年不知老年累的代沟吧。

启老照例问了一下生意情况，我没有再说什么，只是说来京参加"中国文房四宝展览会"，然后开门见山地说想合个影留作纪念，不知是否可以？

"当然可以。"启老很高兴地答应了我，并且告诉我，眼镜放在楼下，让我等一下，启老下楼去取回了眼镜。一切准备妥当，我俩把最关键的事情给忘了，没有人给拍，启老笑了，说："不要紧，郑老师快下班了，等郑老师回来，让她给拍。"

我从家走的时候，心中还怀着一个"阴谋"，提包里装着一张四尺三开的小纸，是我临写的启老字。临写启老的字有些年了，一次也没有在启老跟前露过脸，写得不成样子，八字还没有一撇，不敢往外拿。不在启老跟前露丑也永远得不到启老的指教。话虽是这样说，可自己心里还是犯怵。这次鼓足勇气，带上一小幅，伺机行事，如果有机会，就显一次丑。丑就丑吧！要想得到启老的指教也顾不上那么多了。

现在屋子里只有启老和我，启老心情又很好，我鼓足勇气说："启老，我带来一块小纸。"启老似乎有点愣住了，我随手从提包里拿出小纸递给启老，说："我学着写了一幅字，请您给我指教指教。"

启老很高兴地把小纸铺在书案上，逐行逐行地看完，笑着说："行，行！写得不错！挺好，挺好！认识这么多年了，这是第一次看到您的书法作品，您学习书法，还真下了功夫！"

我正要请启老给我逐行逐字的指教一下，突然，门外有人敲门。我替启老把门打开，来者是新加坡的客人，他受潘受先生的委托，给启老送来《潘受书画集》。这位先生也带着照相机，想和启老合影，启老表示同意，我替他俩拍了两张。这位先生又给我和启老拍照。

我请启老坐在椅子上，我站在背后，启老就是不同意，要和我并排站着拍。这怎么能行，我坚决反对，争来争去，我也只好妥协，和启老并排坐在单人沙发上。

启老非常高兴，从书架上抽下我的拙著《中国毛笔》，和我一起捧着拍了第一张；又同拿着2号青山白云毛笔拍了第二张；启老又从书桌上拿来我临写的字，双手拿着给我指教，拍下第三张。拍完以后，启老回到椅子上坐下，我坐在启老的对面，新加坡的客人拿起相机，又给拍了第四张。

接着，新加坡客人又从提包中取出一幅书法长卷请启老鉴定。启老打开书卷，这位客人站在旁边，想再让我给他拍一下，被启老阻止了。启老做了解释：因为眼睛充血，形成了一层膜，影响了视力，看东西模糊不清。经过一段时间的治疗，这些日子稍微好些了，现在最怕闪光灯照射刺激。最后，启老又风趣地说："这倒是透过现象看本质了。"

听完启老的话，我心里"咯噔"了一下，非常难受，也非常后悔，今天犯了天大的错误。如果我知道闪光灯会损伤启老的眼睛，宁可一次也不和启老合影。从这以后，我再也没有和启老合影，这次合影成为唯一。

现在，我又一次取出珍藏的合影，看着启老哈哈大笑的慈祥面容，想起当时合影的情景，心里不知道是高兴，还是苦涩？

门外又有人敲门，我站起来去开门。来者走进屋里，启老连忙给我介绍说："这是冯老，著名的红学家，也是书画大家。"

听完启老的介绍，我马上意识到来者是冯其庸先生。启老又对冯老说："这位是山东莱州的李兆志先生。兆志是毛笔专家。"冯老淡淡地对我点点头，就坐到靠近启老的单人沙发上。为了不影响他们二位的谈话，我故意坐到稍远些的双人沙发上。

启老可能是知道冯老被"笔工"骗过，一朝被蛇咬，十年怕井绳。为了打消冯老的顾虑，只听启老对冯老几乎是脸贴着脸地小声说："兆志不只是笔品好，人品也好，没有兆志的笔，我的字就写不好，也可能用得时间长了，习惯了。"启老的解释还真管用，话音刚落，冯老就转过脸来冲我笑着点了点头。

冯老拿出自己书画作品的照片，递给启老请指教。启老一张一张地翻看着，我每当碰到这样的机会，就不管三七二十一，站起来凑到跟前，启老知道我心里在想什么，于是不时地指着照片给我讲几句。启老还特意指着一幅山水画说："这是明代的笔法。"

启老看完照片，稍微停了一下，转过身去，从书案上取过我写的那张小纸，对冯老说："兆志也喜欢书法，您看兆志写得有多好。"冯老又笑着朝我点点头。

听了启老的夸奖，我的脸涨得通红。我没有飘飘然，知道自己能吃几碗高粱米饭，知道启老这样夸奖我，并不是我写的字有多好。而是启老像老师对待学生一样，看到学生的一点成绩，心里非常高兴，总是夸大其词，多给学生一些鼓励和启发，起到鞭策的作用。

为了不影响两位大家的谈话，我把小纸折叠起来收好，站起来要告辞。启老也站起来，让我再等一下。他走进卧室取出两只盒子。打开一只盒子，盒子里装着两只小盒子，分别送给冯老和我。打开小盒子，里面装着铜镇纸，是北师大百年校庆的纪念品，镇纸上印着启老的题字"学为人师，行为世范"。

启老又打开另一只盒子，里面装着我给启老做的毛笔。启老让我拿出毛笔送给冯老，我开玩笑地说："毛笔是从您屋里拿出来的，只有您才有权送。"

"好！我这是又给您做广告。"启老一边笑一边取 1 号、2 号、3 号青山白云送给冯老。冯老十分高兴地接受了毛笔，又在我的笔记本上签了名字。以后，冯老又试用毛笔给我题写了墨宝。

我双手接过铜镇纸装进提包里，然后与启老、冯老握手告辞。刚要迈步，启老突然又对我说："把您写的字留给我，我拿给他们看看。"

启老的这句话完全出乎我的意料之外，我倒有些不好意思了，羞羞答答地说："能拿得出去吗?""完全可以拿出去!"启老洋洋得意地说。我只好把提包打开，取出那张小纸交给启老。因为冯老在，我执意不让启老送，再三推辞也没有用处，启老照例又送我到楼梯口。

走出红六楼，我心里感慨万千。这次与启老在一起待了整整一小时四十分钟，这期间发生的几件事情都可以列为我一生中的"唯一"，值得我永远怀念：

一　和启老合影。

二　听启老评书画。

三　启老赠我铜镇纸。

四　启老留下我写的字。

批改对联得箴言

　　说到学习书法，我可算是一个地地道道的笨蛋了。论学龄，从比较认真的学习算起，足足有三十多年了。记忆中，我第一次看到书法作品，还要从九岁那年谈起。

　　九岁那年，我上小学三年级。有一天，同学带我到他爷爷家去玩。我至今仍清楚地记得：老爷爷留着长长的胡须，穿着很长的棉袍，说起话来慢腾腾的，颇有学问的样子。我听大人说过，老爷爷会写字，是个有大文化的人。后来才知道他曾担任过负责地方教育的督学官职。

　　老爷爷家住的房间不大，比我们家的四合院小多了。走进正间也就是北房中间的房间，也叫明间，中间放着一张很破旧的方桌，方桌的东西两边，各放着一把破椅子，方桌上还放着砚台和毛笔。北墙上挂满了一张又一张的字，里边房间的墙上也挂满了字，其中还夹杂着几张画，有的字幅太长了下边卷着一部分。现在回想起来，是房子太矮了。家里挂着一张一张的字，这样的摆设，我是第一次看到，当时在我们小村里也是唯一的。

　　我瞪着一双"痴眼"，好奇地看起来。尽管什么也不懂，却也看得津津有味。直到现在，五十多年过去了，我还能清楚地回忆起当时的情景。平时到老爷爷家参观的人很少，大家连饭都吃不上，谁还来他家看这些玩意儿？对于我这个"小痴子"，老爷爷特别热情，一张一张地指给我看。老爷爷说了些什么，我一点也不记得了。只记得老爷爷走到里间靠墙角的地方，指着一幅很大很大的对联说"这副对联是你外祖父写的"。那副对联的内容我一点也不记得了。只记得对联很长，纸上有一个一个的圆圈，字都写在圆圈上。现在想来，这副对联是用瓦当纸写成的。

初中毕业，我回到了家乡。那年冬天我参加了"整大寨田"的战斗。虽然天寒地冻，但大家热火朝天的干劲丝毫未减，我也要努力表现自己，采编、抄写工地战报。"报头"的大字，我写得实在不像个样子。人是逼上梁山的，我又走进那位老爷爷家。

老爷爷已经过世，爷爷接待了我。新中国成立前，爷爷曾经在掖县的"省立九中"读过书，后来教过学，毛笔字临写"二王"、潘龄皋，在我们当地很有名气。我就跟爷爷学起了写毛笔字，因为工作需要，我没有按常规学习基本笔画和临帖，而是上手就学习写大字。我还到较远的一个村去拜访过一位镡先生，镡先生民国初年在北京某大学读过书，以后还曾经在山东省政府任过职，书法特别善于写《多宝塔》帖，很见功底，论书法艺术造诣应该称为省级水平。我经过两年的学习，不论写得好孬，起码是敢提笔写了。1963年冬天，我17岁，胆大包天地写了三百多副对联拿到集市上去卖，竟出乎意料地全部卖光，赚钱多少，暂且不说，最让人兴奋的是我的名声大振，成为我村和周围邻村公认的少年"书法家"，真正和我写的对联相应和："欢度春节、喜庆丰年"了。

写不完的黑板报、宣传栏和语录板，一直到"文化大革命"的兴起，很幸运给我提供了学习写字的机会。不论什么颜柳欧赵，还是黑体魏碑仿宋，我都乱写一通，没有人敢站出来怀疑我这个"书法家"。我可以拿着毛笔，直接往墙上写，墙上不需要画线打格，照样写得横平竖直，这样肆无忌惮的涂抹，也把我的"手"写坏了。

1980年我又先后拜访了一些书法大家，还多次参加试笔会，欣赏到许多不同书体、不同风格的墨宝，亲眼看见启老，徐之谦、萧劳、舒同、董寿平、蒋维崧、黄胄等大师挥毫。1982年8月，赵朴初先生率中国书法家访问团到制笔厂参观，赵朴初、陈叔亮、朱丹、费新我、赖少其五位大师同时挥毫，场面十分壮观。我还应西安毛笔厂邀请，参加了该厂的试笔会，领略到刘自椟、吴三大等先生的书法艺术风采。北京制笔厂、西安毛笔厂等数十家毛笔厂的接待室里，陈列着沙孟海、林散之、任政、胡问遂等大师的墨宝，琳琅满目，美不胜收。当然，我拜读次数最多的还是启老的墨宝。知识的积累，眼界的开阔，使我认识到20年浪迹天涯学习书法的方法应该告一段落，现在应该扎扎实实地从临帖开始打好自己学书法的基础。

首先我临写了柳公权《玄秘塔》，颜真卿《颜勤礼碑》和欧阳询《九成宫醴泉铭》；还临写过"二王"、钟绍京等书法名帖；以后又用了较长时间临写过智永《真草千字文》。临写的时候，我把启老书体风格掺加进去，使枯燥的碑帖和活生生的墨迹结合在一起，变成兴趣盎然的游戏。

我心里明白，自己学习书法，也就像启老说的那样，是业余消遣，是快乐，或者说是"玩"，也就不去追求"功名"；什么协会的会员，理事；什么展览的一等奖；什么评比的金杯；什么选集入编；什么报刊荣登……所有这些花环我都从不奢望，我学习书法的目的就是自娱自乐。既然胸无大志，名利无欲，能够取得形似，也就心满意足了。至于神似，那是永远达不到的境界。

俗话说"丑媳妇难见公婆"。我想丑媳妇难见公婆的原因，并不是媳妇丑到何种程度，而是媳妇的自尊心太强，自我要求的标准太高。如果这位媳妇像我一样胸无大志，不去和其他媳妇比，自然也就不觉得自己丑，不觉得自己羞耻，也就不害怕见公婆了，这是真实的道理。试想，我如果总是不敢拿着自己写的字给启老看，就得不到启老的指教，也就不知道自己的缺点和以后努力的方向，也得不到启老的夸奖，享受不到取得一点成绩的欢乐，失去了继续"玩"下去的动力。

启老夸奖产生的动力真够大的，"海鸟……山花……海鸟……山花"。一遍一遍又一遍，白天临写了一天，晚上还要挑灯夜战。从四月下旬开始，转眼到了"三伏天"，我的两个腋窝都"玩"出了痱子。

一天又一天地写到七月，自己认为写得有些"像"了，心里又有些发痒，给启老写封信，把习作寄上，再请启老指教一下。又一想，启老太忙了，如果为了给我批改这些一文不值的东西，影响启老的工作和休息，我又要"犯罪"了。

又是两个月过去了，请启老指教的欲望不断地死灰复燃。一天，我突然想起了启源先生，把对联寄给他，请他到启老家里去时顺便把我写的对联带上，请启老指教一下，然后再请启源先生把启老的意见告诉我。

正如启源太太说的那样："他们家的人都实在。"启源先生收到我的信后，马上复信说明启老最近很忙，经常不在家，等过些日子，再给我找启老指教。这些老先生，办事就是这样认真，令人尊敬。

　　大约又过了一个月，我收到启源先生的来信，先生告诉我，启老看了我写的对联后非常高兴，说我整幅作品的布局、字的笔画和结构都很好，只是"海"字的右半部和落款的字偏大，以后书写时要注意，并嘱咐我一定要坚持努力写下去。启老循循善诱的教诲真是千金难求啊！

　　不过，来信也给我留下一个遗憾，信中说启源先生请启老给我把对联修改一下，启老为了不损坏我的习作，没有直接修改，只是让启源先生转告我就可以了，可见启老对别人的学习成果是多么尊重，多么爱护，多么珍惜。其实，像我这样的涂鸦之作，又有什么可以值得珍惜的呢！

　　启源先生又题写了相同联句的对联随信寄来、供我对照学习。我把先生的墨宝和我不成器的对联珍藏起来。我珍藏的不只是对联，而是两位大师对我的深情和厚爱。

伟哉红楼报知音

自从四月份拜见启老，遇见冯其庸先生，又是半年过去了。在这半年里，我坚持临写启老的墨宝。我使用和启老相同的毛笔临写，自然也体会到启老使用毛笔的感受。临写的日子越久，对毛笔的感受也越多，越入心。

一天，我突然悟出一个道理，启老已经过了 86 岁生日，身体各种机能都逐年在衰退，臂力也在下降，这是不可抗拒的自然规律。启老曾经谈起自己的眼疾，请国内和国外的眼科专家都看过，因为年龄大了，已经是"不治之症"，现在只是采取各种方法，延缓眼疾的发展。面对启老年龄、身体的现状，我想启老使用的毛笔也要做相应的改变，决定适当减少毛笔腰部的健力，由原来的以健性为主、柔性为辅改变为以柔性见长，使毛笔的性能达到笔锋柔润，不开岔；笔腰柔健适中，不絷手。

我这样设想，看起来有些"反其道而行"了。按理说启老的臂力下降，应该增强笔腰的健性，扶助启老的臂力，我不但不增加健力，反而减少健力，岂不是釜底抽薪吗？

事实上，启老写了近 80 年的字了。80 年的日日夜夜练就了他驾驭毛笔的能力，虽然已是 86 岁高龄了，但写起字来手臂一点都不颤抖。现在的问题是启老的臂力在下降，提笔、按笔力度减弱，如果再增加毛笔头腰部的健性，使毛笔头的腰部更挺拔，启老使用的时候，就要使更大的劲往下按，好像一个人原来可以扛 100 斤重量，现在年纪大了，体力减弱了，只能扛 80 斤重量，你不但不给他减少重量，还要再加重到 120 斤，这怎么能行？那才是真正的"反其道而行之"。

因此，我决定先改变两个品种：一种是启老最喜欢使用，也是使用最多的 2 号青山白云；另一种是写大字用的湘妃提笔。启老虽然年纪大了，但是各种"笔债"有增无减。因为眼疾，不能写小字了，写大字的任务却越来越多。启老曾告诉我，有次重要的庆祝活动组织书画展，领导考虑到启老的身体状况，与他商量请他创作一幅作品参加展出以提高书画展的档次，为庆祝活动增光添彩。启老痛痛快快地接受了任务，他不顾自己的身体创作了两幅作品送给了展览组委会，并且又作了一首诗，准备再写好送去。这真是"要一给三"了。

计划确定后，我就开始了制作。也算轻车熟路了，没有遇到什么意外的困难，就做成了新的 2 号青山白云毛笔。提斗笔头的直径定为 15 毫米、长度 64 毫米，估计可以写出字迹面积 200 × 200 毫米或者再大些的字。还是选用细光锋、粗光锋和老光锋为主料，又掺加少量的貉子针毛，用苘麻和猪鬃等做衬垫，把苘麻和猪鬃衬垫的部位适当矮一点，力争使笔腰部位的柔性自然顺畅。经过几次改进，毛笔头总算制作成功了。提斗笔的笔杆还是选用湘妃竹，两端镶嵌了水牛角笔斗和笔顶。

提斗型毛笔做成后，刻什么笔名费了一番脑筋，这次我没有再去打扰启老，征求意见，决定自己取个笔名。

那次我在启老家里偶遇冯其庸先生，可以看得出来两位老人的关系很好，启老还把自己最常用的毛笔送给冯老。冯老书画皆长肯定对毛笔情有独钟，而他写大字的任务一定也很多，肯定也喜欢较大些的毛笔。我决定把这次制作的提斗笔也给冯老寄去几支。所以，我希望这种提斗笔的笔名，能够二者兼顾地符合启老和冯老的共同点。

大约过了一个星期，笔名也没有拟好。一天，我在临写启老的墨宝时，突然想到启老送我到楼梯口时的情景，顿时眼前一亮。我想启老住在6号红楼，又是研究《红楼梦》的专家，早在20世纪50年代曾为《红楼梦》作注释，撰写了《读红楼梦札记》。[①] 冯老也是研究《红楼梦》的著名专家，我把两个"红楼"合并在一起，虽显得有些不伦不类。但是仔细琢磨倒也别有一番滋味。我就把笔名定为"伟哉红楼"，这是我发自内心的赞呼伟哉，伟哉！

两种新毛笔做好以后，我都反复地试用过，觉得启老使用这两种毛笔写字手感一定很舒服。至于会不会影响启老的书法风格，我着实也下了一些功夫思考。纵观启老的书法风格，不同时期的表现也不尽相同，有不同的特点。我第一次看到启老的墨宝是1983年的作品，以后逐渐增多，楷书、行书、行草、草书。除了墨迹以外，还拜读过许多启老墨宝的印刷品。启老在1983年以前创作的墨宝，我只是在书画展览会上见过几件原作。我的任务是给启老制作手感舒服、运用自如的毛笔，至于启老书法风格等艺术范畴的事情，只好任其仁者见仁，智者见智吧。春节快到了，我把毛笔收拾好，又各写了一封信祝贺启老和冯老全家春节好。毛笔寄走后，我心里觉得非常舒服、踏实。

① 见《启功丛稿》

第三次谈判

1999 年 6 月 17 日晚八点，我来到北京。又是一年多没有见到启老了，心里着实有些想念和挂念。人非草木，孰能无情，认识启老快二十年了，且不说启老对我的帮助，单说这二十年的交往，也足足让人值得珍惜。来京之前，我给启老寄了一封信，估计也能收到了。我这次来的目的是要鼓足勇气和启老进行"第三次谈判"。

18 日上午十一点半，我打电话给启老，一听到启老的声音，马上说："启老，您好，我是莱州李兆志。"

"兆志，您好，您好！我听出您的声音了。"启老高兴地说，按照以前通电话的惯例，下面的话是我应该告诉启老，我已经来到北京。没想到启老突然说："您春节前给我寄的提斗笔，我收到了，真好用，用起来真舒服，我都舍不得用，谢谢您。"接着启老又说："我昨天收到您的来信，信放在文件夹里，还没来得及看。"启老稍微一停顿，我马上插话说："我已经来到北京。""我想到您那里去，今天下午可以吗？"

"当然可以，随便时间。"

因为天太热，我故意到得晚一些。我轻轻地敲了两下门，听到启老走过来开门的脚步声，我在门外说："启老，我是李兆志。"

"兆志先生,请进,请进。"启老拉着我的手和我并排着坐在双人沙发上,满脸大笑,那个亲热劲真像是久别重逢的亲人。我仔细地看了一下启老,说话、眼神和去年没有什么明显的差别,只是脸比去年显得稍微瘦了些,确切地说,不是"瘦"了,而是没有以前那样滋润,有些"干巴"。走路还可以,没有明显的变化。但是,给我的印象是比去年明显变老了,这也是我看到启老变化最大的一年。

启老又照例询问生意情况,我只简单地说:"还是那样,勉强维持。"因为屋里没有别的客人,我就开门见山地说:"今天咱俩不谈生意,我想和您谈判一件大事。"

启老被我蒙在鼓里啦,不知道我又要和他玩什么把戏,好像一个老人被年轻人任意摆布显出无能为力的憨态,微笑地待在那里,等待着我的发落。我忍不住笑着问:"我寄的信呢?"

"在文件夹里。"启老随手一指,又要自己站起来去取,我的动作比他快,站起来一把拿了过来。从来都不愿意让别人帮助自己的启老也无可奈何了,用我们老家的话说"老虎也有没牙的时候"。

我把信打开,没有给启老读信的内容,只是取出那张十六开纸的图,指着上面横着写的三个大字,对启老说"家居图"。启老好像认出了三个字,还是有些不明白,我笑着说:"这是我家住房的平面图。"

启老好像反应过来了,没说话,只是笑。

"这件事情咱俩已经谈判了整整 6 年,前两次都没有谈成,这是第三次。今天咱俩一定要谈判成功,达成协议。"

启老明白了，只是笑，没有说话，任我叙说。

事情还要从 1992 年说起。那时我认识启老已经十多年了，每次到启老这里来，都看到门庭若市，这批客人还没有送走，那批客人又来了，不要说八十岁的人了，就是一个年富力强的中年人，也真够呛的。看到启老每天累得那个样子，真让人心疼的。我曾经和启老的一位学生谈论过，一些和启老关系很好的学生、亲戚和朋友收藏启老的墨宝并不多。因为大家都亲眼看见启老每天太累，谁也不愿意、也不忍心开口要。当然，启老总是尽最大的努力帮助大家。

启老和我也非常熟悉，对我表现出极大的好感。既然启老已经从感情上认同我，接受我，我就应该尽最大的力量帮助启老做点什么。据我所知，启老没有亲戚在外地。启老除了工作需要到外地或者国外访问外，总是住在北京，没有一个可以"躲避"的地方。我想应该把启老接到我家，让老人家休息些日子。可是，当时我家的住房条件太差，只有四间北房，还漏雨。每逢下雨，房内就摆上四五个盆接水，东房山墙还裂开一道足有 5 厘米宽的大口子，太阳光都可以射进来。有一次还跑进一条小蛇，我们家乡很少见到蛇，我非常害怕它。我知道，启老是个闲不住的人，请到我家来，除了要安排一间卧室，在我们当地是睡"火炕"，还必须给启老安排一间书房，所以必须安排两间房，我家不具备这个条件，做不到。

1992 年，我把住房进行了改造，受规划面积的限制，住房面积没有增大，只是重新设计了房间布局，可以给启老提供两间房，初具请启老来住些日子的条件了。

1993 年 7 月 24 日，我到启老家又看到他累得"焦头烂额"

的样子，心里又萌生了请启老到我家住些日子的想法。不知道启老是否愿意去，所以难以说出口。我俩聊天的时候，启老无意中说了一句"您胶东半岛是个好地方。"我马上跟了一句"您去过胶东地区吗？"

"我1990年去过蓬莱，参加一次会议。可是，我去了以后，他们不让我参加会议，只是让我写字。开始，开列的名字还少些，以后越来越多，写不完。他们就和我说，一幅作品写两个字也可以，我简直变成印刷机了。"启老笑着说。

"您到过我们莱州吗？"

"没去过莱州，那次去蓬莱，只到过烟台。"

"我们莱州也很好，海洋性气候，就是夏天，早晨和晚上也很凉爽。可不像北京，白天热，晚上更热，热得人没地方钻，没地方扎。"启老被我说笑了。我又说："莱州民风淳朴、待人真诚，我们虽然是农村，家家都比较干净，讲究卫生，还是全国卫生城呢！"

"挺好，挺好！胶东挺好，我看蓬莱城就很干净。"启老插了一句话："过去，蓬莱称登州府，你们是莱州府。""是啊！郑板桥在潍县当县官，还被莱州府管着呢！"我笑着说，启老也笑了。

我知道我们莱州还有一张"王牌"是启老最喜欢的东西，就故意提高嗓门说："莱州云峰山郑道昭碑，您只看见拓片，还没见过实物吧。"

说到郑道昭碑，启老自然十分高兴，马上跟着说："那可真是块宝贝。""好，好！我请您到莱州去看看这块宝贝。"我顺势利导，抢了先机。"好！应该去看看，不过现在太忙，没时间。"

启老没有拒绝，我心里十分高兴，正想乘机进攻，没想到这时有人敲门。

启老去开门，进来的两位是北师大某部门的领导，启老介绍说："这位就是给我做毛笔的李兆志先生。"两位领导都十分热情地跟我打招呼。

大家分别就座，我想来者都是北师大的人，更重要的是刚才有个理想的开头，我不能错过这个机会。于是我不管他们有什么事情，抢先冲着启老说："您见过做毛笔的吗？""很早以前见过，也是马马虎虎，没有印象了，只知道毛笔是手工做成的。"启老一本正经地回答。"那更应该去一次了，到我们那里去看看做毛笔的，您只知道使用毛笔，不知道毛笔是怎样做成的，那也不成。"说着，我用手比画了一下干作修笔的动作。

启老对参观制作毛笔也很有兴趣，非常高兴地说："听说过去都是盘着腿坐在土炕上制作，对吗？""对呀！"我当即坐在地板上，把腿盘起来，给启老演示了盘着腿做笔的姿势，启老和两位领导都感到十分新鲜。

"每天都这样盘着腿，怎么受得了？"一位领导插话。

"盘习惯了就好了。"我接着说："我们的老师傅都是这样的坐法。过去，孩子不上学，学徒的人年龄都比较小，比较容易盘。到我们这代人学徒，年龄都20岁左右了，盘腿就比较困难，就改为坐板凳了。说来也奇怪，全国的同行中盘腿改为坐板凳的时间差不多。坐着板凳干活比较方便，一些过去盘腿的师傅也改为坐板凳了。不过，如果您现在去，还能看见有些老师傅还是盘着腿制作。他们盘腿习惯了，让他们改为坐板凳反倒不舒服。"接着，我又讲了一些做毛笔的故事，他们三位听得津津有味，我乘机煽动，请他们三位一起到莱州去参观一下。

他们三位还真有兴趣，只是眼下工作都很忙，今秋是去不成了。最后，启老饶有兴致地提议："一定去，一定去，争取明年春天，天气暖和了，到您那里去学习学习做毛笔，再去云峰山看看郑道昭留下的宝贝。"

看到启老确实有兴趣到莱州，我十分高兴。看来，我想把启老藏起来休息些日子的愿望的实现，指日可待了。

启老愿意到我家来，我真是打心眼里高兴，天天盘算着启老来了以后的吃、住、行、玩，当然，还有看书、写字、写文章。我逐条地筹划起来，吃、住好办，玩也没问题，我工作不忙，可以天天陪着启老出去。登云峰山，没什么困难，汽车可以开到半山腰，山不高，登台阶而上，只要搀扶一下启老就可以了。到莱州湾海岸去观海，看渔船进港，更容易，汽车可以直接开到海边。其余时间，我可以陪启老到田地里走走。从我家往东走60米，就是菜地和大田。我和启老漫步在田间的土路上，那坑坑洼洼的土路，对脚掌的按摩、保健功能绝不亚于北京公园里的鹅卵石路。喜鹊在高高的毛白杨上嬉戏，蝈蝈在翠绿色的玉米叶上唱鸣，蝴蝶在路边的山花丛中飞舞，燕子低飞掠过头顶，湿润而清新的微风，夹带着泥土的芳香，轻轻地从脸上拂过。不时地有手扶拖拉机慢腾腾地驶来，淳厚朴实的街坊邻居，看到我陪着面容慈祥的长者，一定会停下来，打个招呼。我相信热爱生活的启老肯定会陶醉在这生机勃勃的田园里。

回家的时候，再顺路走进我家的菜园，请启老亲自去撸几棵青菜，拔几棵大葱。有兴趣的话，再从地瓜垅上，用手扒出泥土中鲜红皮的地瓜带回家。青菜叶上带着晨露，大葱根上夹杂着泥土。把青菜和大葱择好，从院子里的水井中，用辘轳挽上一桶清水，把青菜洗净。启老一生走南闯北，弄文舞墨，绘出青山绿水，写出文辞诗赋，而挽辘轳提水肯定是第一次，相信启老一定会乘兴赋诗，赞颂这种古老朴实又具有深奥知识的文明结晶。

我拿出用自己种的花生榨出的花生油，打开瓶盖，花生油的芳香沁人心脾。这种纯天然的花生油香，估计启老也没有闻过。把嫩黄喷香的花生油倒进锅里烧开，加上几瓣山东大蒜，做一盘大蒜炒青菜，翠绿点白云。再剥几棵大葱，端来一大碗用黄豆和玉米酿成的"山东大酱"，更不能忘记端来我们沿海人家自己酿的"蟹酱"、"虾酱"，我们当地称为"三大酱"。咬一口用刚刚收下的小麦加工的面粉做成的大馒头，或者金黄色的玉米饼子，拿一棵大葱，在"三大酱"碗里抹上一点，又辣又香，又辣又鲜。或者再吃几片用大铁锅烙上黄"嘎渣儿"的地瓜片，喝上两碗用新谷子、新玉米加工而成的小米粥、玉米面粥。粥里再放上些大黄豆、大红枣或山东大花生米，黄里泛红，滋心润腹，这些在我们老家平常又平常的家常便饭，对于启老来说，其美味绝不亚于北京烤鸭和那些徒具虚名的"鱼翅宴"。

想得有滋有味，甚至于流口水。但是，想得越多，困难也就越多，我觉得最头痛的有三样事情，最担心的是启老身体状况，人老了病多，特别是像启老这样手不释卷的老学者，心脑血管病是很容易发生的。莱州是县级市，就全国的县级市而言，莱州的医疗资源是名列前茅的。但是，和北京相比，那就不是一个档次了。启老万一突发心脑血管类的病，在北京可以马上住进大医院，确保万无一失。而如果在我们莱州，就不那么方便了。万一有个三长两短，我就成了千古罪人了。其次是写字。我请启老到家里，是想把启老藏起来，不让启老写字。可是，我知道启老的脾气，住不上三五天，启老和街坊邻居混成"老熟人"，不用人家开口，启老就会主动的把墨宝送给人家。"没有不透风的墙"，一传十、十传百，再招来上下左右、四面八方各种品牌的小轿车在我家门外摆成长阵，怎么办？我可绝不能让启老在我家变成印刷机。再就是读书。我想让启老来休息，启老决不会浪费宝贵的时间，肯定要读书、写文章、写字。启老经常说他的职业是教师，不是书法家，写字是业余。读书、写文章，需要书籍和有关资料，启老可以带来一些书籍，但是总不能带得那么多，那么齐全。莱州又没有大型图书馆，可以查找资料，所以一定会影响启老读书和写文章。

　　我思来想去，也想不出什么好的解决办法。但是，不管有多少困难，我也要努力争取请启老到莱州来住些日子，"车到山前必有路"。

　　等到 1994 年 4 月，在没有和启老打招呼以前，我和一位朋友通电话，特意询问启老的情况。朋友告诉我，启老因心脏病住院了，但是不很严重。当时，吓得我出了一身冷汗，我担心的事情还真发生了。我于 6 月来到北京见到郑喆老师，知道启老确实因心脏病住了医院，现在已经回家。我见到启老没敢再提及这件事，想等过些日子看看启老的身体情况再说。第一次努力失败了。

　　1997 年 6 月，我到启老家，看到启老的身体状况很好，简直是越活越年轻，就又萌生了这个念头。又提起这件事，没想到启老还真记得曾经答应过我，真心实意地笑着说："如果不闹那场病，我早就去了，都是那场病闹得把好事也耽误了。"我又紧逼着启老答应这件事，启老告诉我，最近很忙，正在校对书稿，实在抽不出时间，等把这件事情做好了，看看情况再说。

这就是前两次努力都失败了的经过。

转眼6年过去了，我这是第三次请启老。屋子里只有我们两人，说话方便，我便抓紧时间单刀直入。心想万一再进来别的客人，就不那么方便了。

不知道什么时候，启老的两只手又拉住我的手。我松开一只手，拿着"家居图"告诉启老："这是我家的住房平面图，这是大门，这是北房，这是南房，北房五间，南房四间，整个布局和北京的四合院完全相同。"接着，我又告诉启老，家中只有我和老伴，女儿和儿子都已经在北京就业，启老突然高兴地插话说："好，好！您有多好！"

我知道，启老是个聪明人。跟他说话，不需要仔细说，只要说出提纲就行了。你说出上句，他就知道你要说的下句。所以，我就直截了当地说："您现在老了，不要再忙了，该休息些日子了。章先生和郑老师每天上班，工作很忙，很累，我请您到我家住些日子吧。我和老伴天天在家待着没事干，咱俩一起到农田里去走走。我们老家海洋性气候，夏天不是很热，早晨和晚上都很凉快。农村空气好，吃的粮食和蔬菜也都是新鲜的。我们都睡在火炕上，火炕是用土坯垒成的。睡火炕还能舒筋活血，对老年人特别有好处。"

我本来就说得简单，可是，没等我说完启老就双手拉着我的手说："不要再说了，您的心情我明白，这是多么真诚的感情。难得，太难得了。"接着，启老又说："我也真愿去农村，农村空气好。"

"您去过农村吗?"我问。启老说他是在河北省易县住到八岁才回到北京城的。在易县的时候,住在城东关,东关有个城隍庙,现在恐怕都拆掉了。在易县,经常吃玉米面贴饼子,"嘎渣儿"焦黄的,真好吃。

启老笑着用手"比画"了一个饼子的形状,又和我说:"在易县东关城隍庙那里,早晨起来,有一些老人提着鸟笼子,在那里遛鸟。走到树林里,把鸟笼子挂在树枝上,有画眉、百灵,叫得真好听。"

启老笑得眼睛又眯成一道缝,仿佛又回到了童年。接着说:"我也很喜欢鸟,但是我没有鸟,我就把家中养的小油鸡①抓了两只,放在笼子里,也挂在树枝上。嘿,没想到,别人看见我挂上鸡笼子,就把鸟笼子摘下来,提着走了。只要我在那里,他们谁也不到我这里来,我也不明白其中的原因。以后才知道,人家是怕鸟学会了油鸡的叫声称为'脏了口'。"说到这里,启老又哈哈地笑起来。

启老停下来,我紧接着说:"现在,农村的条件也很好,可不是您那时候的易县能比得上的,吃、住、行、就医都很方便。到我们老家住上三个月,等秋后天气凉爽了,再回北京。"

启老告诉我:好多朋友说过,请他到农村去住些日子,但是,都办不到,走不动。启老又给我说了一些走不动的原因:一是全国政协马上要开常委会,平日一些"小"会,不去参加,领导已很照顾了,常委会不去参加,不好。平日里,还有一些其他方面的会议、活动等,有的可以推辞,不去参加;有的还不太

---

① 根据启老的话音记下的,不知道应该用哪个字。

好推辞，还是要去参加的。不过只是报个到，或者出席开幕式，拍一下录像再回来，启老显出很为难的样子。二是还有各种应酬不好推辞。眼睛视力越来越差，一只眼睛基本看不清，另一只眼睛看东西也很模糊。现在写字，也只好凭记忆，凭大约的轮廓和感觉来写。

启老说的应酬，我知道是写字，就随口冒出："最近又有任务？""给×先生写了×××。"我知道这篇文章，那么多的字，眼睛又看不清楚，怎么写呀？我吃惊地问启老："您眼睛看不清楚，怎么写这么多字的文章？"

"我写的字大。"启老用两只手的大拇指和食指，做成一个正方形，比画着给我看。启老用双手做成的正方形边长大约有60～80毫米。"听说这些字装裱好了，还做了很精致的木匣，有这么高一摞。"启老用两只手比画出大约的高度。我笑着说："您写了80年字了，再写80年，您也写不完，干脆不写了。"启老听我说再写80年也写不完，很高兴地笑了，又接着说："这其中的事情也很复杂，说不清楚。"

接着，启老又给我说："学校有规定，我不论到哪里去，必须有他俩（指章先生和郑老师）陪同。我明白学校的意思，让他俩同去的目的是住院抢救的时候，让他俩签字。"我插话说："这个我知道，别的事情我都可以做，只是这个'字'，我没资格签。"启老听明白我的意思，又一次拉着我的手很动情地说："不行，去，是去不成的，还有好多事情要做。"启老心里清楚，我是诚心诚意，不是虚言假套。常言说盛情难却，启老也显出很难为情的样子。我看到启老很动情，也很难为的样子，心里也实在不好受。理想要符合现实，启老说的话句句也是实打实。我想，不能太勉强了，今天也只能说到这里了。

　　已经是下午 5：30，启老和我紧挨着坐在双人沙发上整整一小时又十分钟了。不知道是什么原因，也可能是苍天开恩，这么长的时间，竟然没有再来客人，这是十分罕见的事情。我站起来和启老告辞，启老拉着我的手，送到楼梯口，站在那里，等我下到一楼，又拱手和我说："再见，再见。"

走麦城

前面记述的给启老制作毛笔的过程，看起来都是一帆风顺，水到渠成。其实，世间一切事情并不都是"过五关，斩六将"，一片掌声。任何产品不论管理手段多么先进，设备多么精良，操作者多么认真负责，也不可能达到百分之百优质，何况完全靠手工做成的毛笔。我曾经多次和启老"严正"声明挑好用的用，不好用的毛笔，一律扔掉，我重做。这么多年来，偶尔出现一两支次品，我也不记在心上。倒是有一次"败走麦城"，造成全军覆没。

1999年下半年，我的企业由于资金问题，面临倒闭。一些挂着国营牌子的百货大楼、商场，在改制、改组的大旗掩饰下，玩起了"魔方"游戏。同一座大楼，甚至同一层楼内，文化用品部的领导和其他部门的领导位子互换一下，其他一切照旧，就把应该付给我的货款转入了冷宫。前者把付款责任推给后者，后者说前任经手的货款都转入总部应付款帐，"啥时有钱啥时付"成了拖欠货款的借口。有的单位以货抵债，一本在市场上只卖两元的相册，竟以39元的价格抵给我，我是欲哭无泪，欲诉无门。

还是先哲说得对祸兮福所倚。企业不景气，我可以有更多的时间临写启老的墨宝，特别是"海鸟"和"山花"这副对联，白天临写了一天，晚上睡觉也要把墨宝放在枕头旁边，半夜醒来，打开灯，坐在被窝里，把宝物打开，手指头就是笔，被子就是纸，照样可以临写上半个钟头，喜爱的程度绝不亚于李世民喜爱《兰亭序》。临写了的次数多了，琢磨也就多了，我发现启老近几年写字的笔道粗细变化比过去小了。我想这个变化与启老年龄增高，臂力变化可能有一些关系，毕竟是 87 岁高龄的人了。我琢磨再研制一种毛笔，笔头直径小于现在的 2 号青山白云，笔头再加长 5~6 毫米，选用原料和工艺与 2 号青山白云相同。

　　主意打定以后，我就开始制作。事情往往是这样，计划的时候运筹帷幄，实施的过程中却是一波三折。毛笔头加长会造成笔头尖部、腰部的健性减弱。要想增加健性，可以采取的最佳方法是增加健性原料和改变衬垫工艺，使笔柱强壮些。但是，这两个方法本身又是互相矛盾的，健性原料增多往往会造成笔柱松散，不拢抱，笔尖容易开裂。如何采用"优选法"，找出它们的最佳组合是十分困难的，没有什么数据可以参考，只能靠经验，靠摸索，边做边改。

　　第一次做成了 10 支毛笔，我蘸上墨试用，不顺手，别扭得厉害，再重新制作。真也天不遂人愿，连续做了四次，总是不顺手，不是笔头腰部软弱，就是笔头开叉，牵一发而动全身，按下葫芦瓢起来，我也真是黔驴技穷了。

　　我把四次制作的毛笔放在一起，仔细地对比，思来想去，不顺手的原因还是笔头过长造成的"比例失调"。我又把笔头截短了……进行第五次制作。

　　第五次样品做成以后，不知道是试用次数多了手感发生了变化，还是心理因素的驱使，我逐渐适应了这种毛笔，试用觉得比以前顺手些了。就这样，我又做出了一种2号青山白云毛笔。

毛笔做成之后，按照以前的惯例，我会很自信地给启老寄去。不知为什么，这次却没有以前那样自信，心中总有一种说不清楚的异样感情，忐忑不安，似乎在预兆着什么。我没有把毛笔寄给启老，而是留在家里，等以后去北京的时候再带去。

以后我好长时间没有去北京，毛笔也就一直留在家里。说起来这事情真也有些奇怪，以前，毛笔做好了，就迫不及待地马上寄走。现在，自己试用也可以了，却就是不愿意寄走。这真是说不清楚原因的事情。

2000年4月28日，我在北京拜访了某先生。我们聊了一会儿，先生拿出一支毛笔，我惊了，这支毛笔是我前天才给启老送去的加长2号青山白云毛笔，怎么这么快就跑到这位先生手里了？

这位先生告诉我，昨天他到启老家里，看见启老正在试用这种毛笔。启老先泛开一支，试着写了一会儿，很不顺手。用笔尖部位写较细的笔画还凑合着用。写稍微粗些的笔画，笔腰就显得软弱无力。再往下按，然后顺势提起，笔腰分裂成小束，简直就要趴在那里不起来。启老又试用了第二支，效果和第一支没什么出入。这位先生也喜欢书法，已经临池多年，就顺便带回一支也对比一下使用的感受。

接着，这位先生取来来墨汁和宣纸，我俩又共同试用了一会儿，说实在的，使用不顺手的毛笔写字，简直是在受罪，何况我的心情又不好。这位先生是个精明人，可能看到我尴尬的样子，这位先生表示只使用笔尖部分，写字迹面积不超过 40 毫米 ×40 毫米的字，倒还可以使用。

第二天下午，我又来到启老家，准备把毛笔都带回去，再想个办法，改造一下，使用效果也许会好一些。启老好奇地问我有什么妙法，我告诉启老，这是技术秘密，天机不可泄露。

我在屋里转了一圈，找来一根纸绳，把毛笔头的根部，用纸绳紧紧地一圈一圈缠了大约有 10 毫米长，交给启老说："这就是秘密武器。"我又接着说："这支毛笔的主要毛病是笔头太长了。把笔头的根部扎紧，让笔头的根部变成'笔杆'，笔头就变短了。使用的时候，虽然不会太顺手，写不出较粗的笔画，写较小些的字会比原来的好用些。故宫博物院里收藏的清代毛笔，有的毛笔头的根部就用丝线缠着。这样，可以增强毛笔头腰部的健性，又能避免笔锋开叉。"

"故宫博物院里收藏的毛笔，我见到有缠丝线的，好些都是大抓笔。"启老带着恍然大悟的表情说。"我这是没有办法的办法。"我笑着说。"您算是把做毛笔的窍门给吃透了。"启老也笑起来。

虽然话是那样说了，但是，我把毛笔拿回家以后，没有缠丝线，也没有舍得扔掉，而是把它当作宝贝一样收藏起来，作为特殊的纪念品，也别有一番滋味在心头。

讲书法得宝记

时间过得真快啊！又是一年多没有见到启老了，此刻我又准时来到启老家。也许是我贪得无厌的缘故，启老给我批改了对联和小幅习作以后，我的脸皮越来越厚，这次又带来两小幅习作，掖在提包里，如果有机会，想再拿出来请启老指教一下。

我轻轻地敲了两下门，郑老师给我开了门，又热情地把我让进启老的书房，告诉我稍等片刻，启老正在换衣服。郑老师陪着我坐在启老的书房里，关心地询问了生意情况，又问了孩子们的就业情况，我都一一做了回答。郑老师听说两个孩子的工作都有了着落，非常高兴地说，您没有上大学的遗憾让两个孩子给补上了，还十分真切地祝福我有"老福"。

大约过了10分钟，启老从卧室里走出来，我仔细地打量了一下启老，脸比以前稍微瘦了些，倒不是脸上的"肉"少了。而是肌肉显得比以前更松弛了，是一张地地道道的老年人的脸了，头发稍微显得稀疏些。走路也不似从前。要说一点没有变化的是神采，仍然那样神采奕奕。可能是郑老师考虑到启老视线模糊的原因吧，抢先说："兆志来了。"郑老师又和我说："你们先聊着，我去洗衣服了。"

我随即向前跨了一步说："启老您好！"

"兆志先生，您好，您好！"满脸笑容，双手紧握，90度的深鞠躬，是20年的惯例。

启老让我坐下，我没坐，伸出手来想先扶着启老坐到单人沙发上。启老又急了，似乎很不高兴地样子说："我能坐，能坐，不要扶我。"说着，缓慢地迈了几步，坐在单人沙发上。虽然走得慢些，步子还算得上稳健，然后很自豪地说："您看，我不是坐得很好吗！"

启老让我坐在另一个单人沙发上，问我的第一句话，仍然是生意怎么样？我也实话实说不怎么好，他们骗咱们，卖了货也不给钱，他们不给钱，我就不给货，现在我是先要钱，再给饭。

"对了，对了，就应该样。"启老高兴地说。突然，启老说出了我意料之外的话："啊呀！您的字写得真好，特别是对联，写得更好。"启老笑得十分亲切、真实，这也许就是通常说的发自内心的笑吧。

启老的突然袭击倒把我给弄傻了，因为我没有思想准备，一时乱了方寸。我赶紧回忆临写的"海鸟浮波殊自乐，山花满地不知名"对联，大约是在1998年秋天，请启源先生转给启老，请启老指教过，而且只看过那一副对联。事情已经过去两年多了，启老至今还记得，我从心里佩服启老的脑子真好用，也可能是对我特别关照吧。

今天，启老又提到这副对联，而且十分高兴，十分得意。我不好意思地说："我那是鲁班门前玩锛，不自量力。如果说我在学习写字方面稍微入了一点门，那也是受您的影响，近墨者黑啊！"启老哈哈地大笑起来。我接着说："我临写您的墨宝，还请您批改作业。可是，我从来没有说过，也没有敢想过做您的书法学生，我没有那个资格，更没有那个福分。"

"不，不！我只是教中文，教古典文学，我只有学中文的学生，没有一个书法学生，好多人说什么是我的书法大弟子、书法高徒，那些都是他们自封的，我从来没有承认过。写字是我的业余爱好，我的职业是教书。"启老稍微停了一下，又好奇地说："以前您和我说过，喜欢写字，我真没想到，您的字写得那么漂亮。"

又听到启老的夸奖了。20 年来，启老对我的夸奖，不！严格地说是对我和其他制笔师傅共同努力制作的毛笔的夸奖，不知道听了多少次了，都没有动心，唯独这次是例外，我还真有些飘飘然，或者说感到自豪与骄傲了。为什么？我也不知道，是神差鬼使呢？还是因为自己近 40 年不懈的业余努力，取得了一点"业余成果"呢？

我勇敢的自报家门，向启老简单地汇报了失学以后，抄写黑板报、语录牌和大字报的经历，还写了二十多年的对联，到集市上去卖。又说了近 20 年来，临写启老墨迹的经过。启老听了，脸上美滋滋的。最后，我又十分郑重地说："论学龄，我也真不算短了，足足 38 年了，可总是写不好。我一次也不参加什么比赛、评比，也不参加什么协会、研究会，也不想什么金奖、金杯，自然也就不想书法家这顶花冠了，最多也只能算是个业余书法爱好者吧。"

我突然话锋一转，冲着启老说："不过，我的字写得不好，您也不应该打我的板子。因为您说过您的职业是教书，写字是业余。而我的职业是农民，兼做毛笔，写字更是业余之业余，百分之百的自娱自乐，或者是您以前说过的——写着玩。"

　　我的一番"理论"倒把启老给"理论"住了，听得那么惬意，笑得那么甜蜜。我话音刚落，启老就接上去说："业余时间写写字，写着玩，很好！写得多了，写得准确了，就可以创作书法作品了，特别是您写的对联，写得很好！学习书法，很难分清楚什么是业余级别，什么是专业级别。我多次说过我写字不够'专业人员'，只是业余爱好，我的职业是教书。但是，书法活动却占去了我日常生活的好大一部分时间。"

　　不知道是什么原因，启老今天特别高兴，也可以说是我从来没有见到的高兴。接着，启老兴致勃勃地给我讲起了书法。我把那天写下的日记，摘录在这里：

　　启老说：写字首先要有胆量。对于这个"胆量"，启老没有解释，为什么要有胆量，需要什么样的胆量。启老说的时候，不便打断，所以我也没有再追问。我想，这个胆量是应该大胆地写，努力地写。我已经写了这么多年了，有这个胆量了，所以启老就没有再给我解释。

　　今天写到这里，重温启老说的"胆量"二字，隐约地记得曾见过类似的记载，翻来翻去，终于找到，转抄如下算是补释吧。1984年《北疆》第三期刊登了鲍文清撰写的传记文学《启功先生》，文中写道："我告诉他，我正在每天练字，他鼓励说：要大胆写字，什么笔，什么纸都可以写，写字没什么神秘，手准就行，一篇字有几个好的已经不错，有一半好的就很好了。古往今来，大书法家的字，也不见得整篇文字都是好的。"

　　启老接着说：写字要注意结构。字是由笔画组成的，要把每一道笔画都写好，写准确。每一道笔画都有最恰当的位置，只有位置写准确了，结成的字才好看，才美。任何一个字的笔画构成都是严密的，错位是不行的，比如一个"人"字，虽然只有一撇一捺，两道笔画。但是，这一撇一捺的笔画要写准确，位置要写恰当。只有笔画准确位置恰当，"人"字才好看，才有魅力。

说完，启老用两只手的食指做示范，先用左手的食指做撇，说："如果把食指这样正常伸出来做撇，呈 的形状，这个撇就不行，如果把食指反转过来做撇，呈 的形状，这个撇就很好，很美，捺也是这样"，启老又用右手食指做示范："如果把食指也这样正常伸出去做捺，呈 的形状，这个捺就不好。如果也把食指反转过来做捺，呈 的形状，这个捺就很好。"

接着，启老又把左手和右手的食指都伸直，把右手食指的指尖，顶着左手食指的中间部位说："这个撇和捺的交接点，位置要正确，如果位置错了，字就不好。"启老把右手食指的指尖，在左手食指上变换了几个交接点，示意给我看。最佳的交接点，只有一个位置。离开这个位置，交接点不论是往上挪，还是往下移，组成的"人"字都不好看。

启老把左、右手的食指都反转过来，把右手食指的指尖顶在左手食指的最佳位置上，组成一个"人"字，对我说："把这一撇一捺都写好了，再把一撇一捺的交接位置写准确了，这个'人'字就是一定好看 。"启老又把两个食指都正过来，组成一个"人"字，对我说："如果把这一撇一捺组成这样的 字，这个'人'字就不好看了。"

"如果这一撇一捺，有一道笔画写得好，另一道写得不好，或者交接的位置不准确，组成的'人'字也不好。"启老又用左手和右手的食指互相转换，组成不同形状的"人"字给我看。"总之，不论字的笔画是多还是少，每一道笔画都要写好，位置要写准确，这样组成的字才好看，才美。"

启老用两只手指组成的"人"字，组合正确的时候，这个"人"字还真像，真美。一个"人"字，只有一撇一捺，而这个只有两道笔画组成的"人"字，又有谁像启老这样认真地研究过？我也拜读过一些传授书法知识的文章，像这样活生生地示范，通俗易懂而富有哲理的讲解，我从来也没有听到、读到。我学习写字也有好长时间了，也有两只手指，这样"简单"的道理，我怎么就没有想到呢？

启老接着说：学习古人的字帖，最重要的也是要学习古人的笔画结构，不能单纯地学习古人的笔画和用笔。你想想，如果把古人写得很好的字，用双勾法勾出来，再把这个字的笔画剪开，不按照原来结体的位置，随便把这些笔画组合在一起，那么，这个字就不是原来的模样了，所以，学习古人的书法，不能只局限于学习古人的执笔和用笔，而是要学习古人写字的结体。

听着启老深入浅出的讲述，我心里觉得真痛快，真过瘾，这还是我第一次面对面地听启老讲书法的奥秘。这样的享受，对于任何一个书法爱好者来说，都是千金难求的。启老在讲解的过程中，还结合我的习作，表扬几句，特别是那副对联，给启老留下较好的印象。我希望启老继续讲下去，讲得越多越好。但是，我不能为了自己，累坏一个快 90 岁的老人。刚才启老讲解的时候，我没有插话，现在应该打断启老的话了。启老刚刚说出："您写字的结体，大部分还是很好的。"没有等启老再说出下一句，我马上接上了话茬："您别表扬我了，咱们休息一下，换个话题。"

启老还真听指挥，不再说了。我打开提包拿出习作，说："别表扬了，该到批评指正的时候了。"我把习作打开，用手拿住上端，把下端递给启老，启老双手接住，从上至下看了一遍，连声说："写得好！不是客套，写得真不错。"又认真地读起来：

云峰青山高，南阳碧水长。

万艳月季中，山花自芬芳。

启老读完，我告诉启老："在云峰山下，有一条河叫南阳河，环绕莱州城而过，流入莱州湾。月季是莱州的市花，在莱州城乡，到处都盛开着五颜六色的月季花，十分美丽，莱州被誉为全国的月季城。山花就不用我解释了，是您封给我的名字。"

启老听我说完，哈哈大笑着说："好，好！您自己写的诗，把你们莱州的美景都写进去了。""我不会写诗。"我接着说："读初中的时候，学过'大跃进歌谣'等民歌，偶尔学几首格律诗，当时也是当民歌学，这么多年了，也都忘记了。回村以后，编写黑板报，工地战报，那更是'无法无天'了，读着顺口就行，谁还去想什么格律、韵律。您送给我的《诗文声律论稿》，我不知道看了多少遍，看不懂。书里讲的平仄声律，总是记不住，分不准确，也没有下苦功夫，我也不要费那个劲了。反正是写着玩，不会写诗，就编个顺口溜，闹个玩吧。"启老点着头说："不去严格地要求，这样写也可以，可以。"

接着启老又看了我的第二幅习作，说："好，好！写得可以，完全可以拿出去。"启老又读起来，这幅习作我写了两首顺口溜：

一

华夏名士和臭笔匠，北师大红楼合击掌。

墨宝与劣毫各承包，五十年初约学香港。

约期满红楼再合击，赶走三山填平四洋。

　　　　　——启老和我"击掌为号"记之，丁丑秋月。

二

十八年①前小乘巷，恩师教诲永不忘。

论尽楚秦居延笔，精研佳毫胜晋唐。

更有题签和赐序，擢我拙文登雅堂。

海鸟浮波殊自乐（启老赐联句），铭记潮恩无限量。

　　　　　——自哼农夫号子一首启老赐联记之，丁丑秋夜。

　　启老读完，哈哈地笑起来，兴高采烈地说："字写得很好，诗也可以，完全可以拿得出去，看来您真没少下功夫，要争取全面丰收。""我只想粮食丰收，不敢想别的方面丰收，我是靠种地吃饭，当'臭笔匠'挣钱，上有老，下有小，养家糊口。其他都是白搭，业余爱好，什么时候有兴趣了，就弄上几笔。"我逗趣说。

　　"这个地方还是改一下。"启老指着"臭笔匠"三个字说。"不改了，我本身就是个臭笔匠吗。""好，咱今天就不说诗了，以后有机会再说，今天只说字。"启老又接着说："从这些楷书字来看，您确实下过很大的工夫，基础打得比较扎实，这可不是一日之功。这个'功夫'，并不是说写得数量多叫'功夫'。不

----

　　①　此处有误，我把第一次见到启老的时间误为1979年，撰写本文时，又认真的核对，应为1980年。

认真地写，写的笔画不准确，字的结构不合理，写的再多，也写不好。只有笔画正确，结构合理，写得熟练，才能把字写好，才叫真功夫。"启老又指着习作说了几句表扬的话。启老把两幅小习作交换着又细细地看了一遍，笑着说："不是客套，这些楷书字的笔画结构把握得很好。"

启老又讲起了楷书字的书写技巧。

楷书字的笔画结构更要注意，要合理，要位置恰当，不管是横、竖、撇、捺，都要笔笔准确，就是一个不在主要位置上的点，也不能马马虎虎随便点上去，也要找准位置、认真写好。

楷书字要写活，要有灵气，有神气，才好看。如果写的死板，写的僵直，就不好了，要想写活，写出灵气，一是要注意结构，二是笔画要轻松。怪不得我每次看到启老写字，心态总是那样平和，那样轻松。

启老停了一下，用右手的食指在左手的手掌上写了一下说："比如这个撇，如果这样僵直地写下去，写得很规范，但是缺乏灵气，看起来不精神。如果下笔的时候，锋尖凸显，收笔的时候，笔锋随手轻轻地带回一下，就显得十分灵动，有活气。横画和竖画也是这样，下笔和收笔都要写活，写出恰到好处的'带笔'，字就写得灵活，有神气。要把楷书字当作行书写，写出来的笔画才有神气；写行书的时候，要把行书字当作楷书写，写出来的笔画结构，位置才准确。"

启老又讲了好长时间了，应该让启老休息一会儿。我说"我家里有很多您的大作。除了您赠给我的以外，在书店里，只要看到您的书，我都买下，随时拿出来读一下。学习虽然不系统，读的次数多了，也能记住一些。您送给我的墨宝，也不知道临写了多少遍了，您还给我批改过作业。只是我太笨，总是写不好，但是，学您的书体是定局了。"

启老连忙双手合拱，举到头顶、满面笑容地说："不敢当，不敢当，惭愧，惭愧。我写得不好，不要学我。您写得很有成绩，应该说很不错了。"

接着，我在鲁班门前玩起锛来了，一本正经地说："尽管我写得不好，但是，我认为写字是一种艺术，是一种美。中国书法从创始的那一天起，几千年里，为中华民族创造了美，为世界艺术宝库增添了美。为广大人民创造美的享受，是书法艺术的唯一宗旨，责无旁贷。说什么把字写得越丑越美，越丑越好，大丑若美，这是地地道道的谬论，是不下苦功夫写不出好字，还要窃取荣誉的遮羞布。可是，现在书法界有一股歪风，一些书法艺术权威机构组织的书法展览比赛，一些颇有影响的书法报刊，一些公共场所，一些影视图像等展示的书法名家大作，写得乱七八糟，丑态百出，让人不认识，读不懂，甚至不堪入目，玷污眼睛，怎么能起到美化环境，给人民美的享受呢！那些只有作者本人才能读懂，或者连作者本人最后也读不懂的书法大作，还被美其名曰'高雅艺术'，还被称为'划时代的艺术创新'。我认为这种所谓的创新是一种误导，是经不住时间检验的，他们要把中国书法带到哪里去？这股歪风也必定给我国的书法艺术带来阶段性的灾难。"

我稍微停了一下，看了一眼表情严肃，一声不吭的启老，继续放炮，说了一件亲身经历的事。那是我在北京地铁站里，欣赏挂在大柱子上的墨宝，一位四十多岁的先生也站在那里欣赏，我们二位站在墨宝跟前，皱着眉头，眯着双眼，满脸愁苦不认识，读不下来。这位先生终于先开口了，指着其中的三个"点"又用手比画着说："上字是这样写，下字是这样写，这里写的是这样，是个什么字？"我也实在看得烦心，取笑说："这个字应该读'不上不下吧'。"我们二位对视着笑了。听这位先生的口音是东北人，我随声问了一下："您是东北人吧？""大连的。""喜欢书法？"我问。"是，走到哪里，只要有书法作品，就要好好看看，不过，现在写的字，越来越不认识了。"这位先生不由得"唉"了一声，一副无可奈何的样子。

启老听到这里，还是没有开口，只是叹了一口气。我一鼓作气地把炮都放了出来："错误的东西能得逞于一时，但不能长久，终有一天要失败，历史总要恢复它的本来面目。我认为，书法界的这股歪风邪气也必定要失败，总有一天要恢复书法艺术本身的美。"

我的气出得差不多了，口气稍微缓和了些，冲着启老说："您是当代中国书法的领军人，被誉为诗、书、画'三绝'，在书法艺术史上做出了划时代的贡献。您要大声疾呼，大出正气，坚决把邪气压倒，否则，让我们子孙后代，怎么学习、评价这段历史的书法艺术。"

我长期窝在心里的气终于出来了，心也平和了，看到启老没有生气，我的心也踏实些了。

我没有再说什么，停了一会儿，启老双手合拱，说："您说得对，这股歪风长久不了，终有一天会改变。写出来的字，别人不认识，随心所欲，爱怎么写，就怎么写，这样的字，连对都称不上，怎么能称上美！"

启老又继续说："某市有个女同志，是某先生的学生，她的右手致残，用左手写字，字写得也很好。要想把字写好，就要下功夫，不下功夫不行。您的字写到现在这个模样，也是下了功夫的。"

　　启老侃侃而谈，我注意到时间已经过去一个小时了，我该走了。说心里话，我真是不舍得这个千载难逢的求教机会。突然，我无意中萌生了一个念头，随口冒了出来："启老，可不可以在我的习作上题几个字？""当然可以。"启老高兴地说出他对我的口头禅。

　　启老慢慢地从沙发上站起来，拿着我的习作，走到书案前，把习作铺在书案上。这时候，我才注意到，习作上没有留出题字的地方，让启老在哪里题呢？我看了一下习作，指着落款一行上部的小块空白处说："在这里题可以吗？""可以。"

　　启老并没有马上动笔题字，顺手拿起放在书案上用塑料或泡沫之类做成的"硬笔"，在玻璃杯里蘸了一点墨汁，又从旁边拿来一张比32开还小的"废"宣纸。如果不是亲眼所见，谁会相信大名鼎鼎的启老，平日里连张好纸都不舍得随便用，拟草稿或者随手练字，都是在写废了的宣纸背面。

　　我心里马上明白了，启老不是依我想的那样，在那么一小块地方随便题上几个字，是要正儿八经地给我题字。这样的场面我见过好多次了。启老在小宣纸的背面，先拟出一个"小稿"，可能是一首诗，也可能是两句联语，或者是一段文字，然后推敲一下，直到满意才提起笔来题写。有一次，启老还把给某先生拟的一副对联，写在小宣纸背面，请我"指教"。做任何事情都十分认真严肃，从来不马马虎虎地应酬，这就是启老。

　　我屏住呼吸，站在启老的对面，启老抬起头，示意让我坐下，我就坐到启老对面的椅子上。启老思考了大约有三分钟，在小宣纸上写下"万古云峰下，山青众木长"。停下笔来，思考了大约五分钟。突然脸色大悦，提起笔来，唰唰地又写下"李公甘自乐，散卓写群芳"。四句都写完，启老又小声念叨了两遍，然后微笑着抬起头来，读给我听。其实，我的双眼已经把四句诗铭刻在心上了。

"怎么样？"启老问。我双手合拱，高高地举过头顶，连声说："好，好！就这样写。"

启老又拿起硬笔，蘸了一点墨，把习作上下打量了一下，左手拿来铜镇纸，把习作压住。这时候，我心里有点纳闷，这么多的字，那么一小块地方，装不下呀？在我落款一行的左边还有大约八厘米宽的一点地方，那是我写字的时候无意留下的，确切地说那是"纸边"，没想到启老早就看好这块风水宝地了，随手写出了第一个"万"字，又继续竖着往下写。我心里犯嘀咕了：这么多的字，这点小地方装不下呀！

启老一笔一画地信手拈来，启老不是在写书法作品，只是在随手写便条，写日记，一气呵成20个字，又签上名字，一共是22个字，余下的地方再钤二枚印章，正好整整齐齐的一行，这是我亲眼看见的，没有一点虚假和吹嘘。启老只是先把习作上下打量了一下，何况眼睛看东西还很模糊，然后提笔就写。这22个字，二枚印章，字的大小，印章的距离，安排的那么合适，天衣无缝，咱先不说字和诗，只凭这些字的"安排"功夫，也不是十年八年能练成的，确实让我心服口服，相信广大书法爱好者也会有相同的体会。

启老写完以后，我告诉启老，"云"字写成"雪"字了，启老又在"雪"字旁边补写了一个"云"字。启老眼睛有病，眼前模模糊糊，还能写这么小的字，除了距离安排得当以外，字的笔画结构，还能写得那么准确，那么美，真是不可思议，用启老的话说是凭着记忆和感觉在写字。一点不假，可以毫不夸大地说，如果把启老眼睛蒙起来，启老也能把字写好。

等启老把"云"字补好，我实在憋不住了，双手狠狠地拍着鼓掌，又把两手合拱起来，学着启老的姿势，欢笑着祝贺启老书写成功，启老也十分高兴的双手拍合。当时，我俩乐得那个样子，是无法描述的，无法想象的一对忘年交。

启老仔细地钤上两枚印章，又在印迹上撒了一点滑石粉，然后把滑石粉轻轻地收进盒里。我知道，这是启老每次必须自己做的事，我也只好一动不动，一切收拾完毕，启老双手把这幅"天"、"渊"并列的宝贝递给我说："写得不好，请您指教。"

我双手接过宝物，连声说："启老，这可是我的传家宝，传家宝！一定要传下去！"启老紧接着说："不敢当，不敢当。"

我双手捧着宝物，真不舍得折叠起来。但是，时间快一个半小时了，我应该走了。启老好像还沉浸在欢乐里，可能还在琢磨那首诗。没等我说话，启老又开口了："你们莱州云峰山郑文公碑，字写得很好，那么大的字，一千多个，郑道昭能一气呵成写在石壁上，字又写得那么大那么好，实在是不容易。郑道昭的父亲叫郑文灵公，碑应该叫'郑文灵公碑'，郑道昭不喜欢这个'灵'字，好像那样他父亲就变成了'神灵'，所以改为'郑文公碑'。尽管郑道昭不喜欢神灵，可是，在他的碑文里，还是写有神灵，还没有离开神灵。"

我们莱州云峰山的郑文公碑，是全国保存最好的魏碑，是国家级的文物。我登过云峰山，也亲眼看过这座摩崖刻石，友人也送给我一册齐鲁书社 1980 年第一版的《荥阳郑文公之碑》帖。但是，对于被誉为"魏碑体鼻祖"的郑文公碑，我却没下什么功夫学习。20 世纪 60 年代抄写黑板报的时候，曾经用粉笔学着写过"魏碑体"字，对其笔画和结构也有些粗略的了解。而用毛笔临写郑文公碑帖，应该说临过，既不系统，也没有坚持，只不过是偶尔拿出碑帖，照着葫芦画几下瓢。遇到哪个字，就临哪个字，一个字一个字地临写；写完了字，也就作罢，从来没有去想它的内容，我也没读到研究碑文的文章，因此，碑文的内容，我一点也不知道，今天是第一次听启老讲碑文的内容。启老没有登过云峰山，没有见到郑文公碑摩崖刻石的"现场版"，却不但讲了碑的字，还讲了碑的内容，甚至指出碑文中"灵"字的奥妙。启老的寥寥数语，使我大开眼界，真正是胜读十年书。

我看到启老讲到云峰山郑道昭碑的高兴劲儿，闪出一个念头——旧事重提。以前，我几次提出请启老到莱州，启老总是说忙，走不开。我知道确实也是真忙。现在眼睛有病了，不能再写东西了，来的客人也少了，应该说比以前轻闲些了。我现在再提出来试试，也许会有点希望。

这次，我没有直接提出来，而是从侧面说起："启老，好多记者、朋友都把我认识您的经过称为传奇，我说这是天意，这是缘分，这是我的福气。启老，您还记得我第一次到您家吗？""不记得了。"启老说。

我把经过简单地说了一遍："1980 年 8 月，我出差来到北京。当时，北京的旅馆不接待乡镇企业的人，我在亲戚的帮助下，住进了一家企业的内部招待所。这个招待所叫什么名称，我到现在也不知道。当时，还没有什么'名人效应'、'广告宣传'，我只想找个人教我写毛笔字，随便问了一下招待所管理员，他告诉我在旁边的胡同里有一位，他也不知道名字和门牌号。我一不知道姓名，二不知道住址，盲目地闯进小乘巷，打听着找到您家，我记得是小乘巷 92 号吗？"

"86 号。"启老回答。

"我敲了两下门，您给我开了门。我到现在还清楚地记得您上衣穿一件灰色的确良衬衣，袖口上还补了一道边。我自报家门，说想找个老师教我写字，您把我带到北房坐下。您告诉我您住的南屋，正在打扫卫生。您坐着一把很旧的藤椅，守着一张老式方桌，拿着紫砂茶杯在喝茶，您给我倒了一杯茶说：'我叫启功，在北京师范大学教书。'我当时不知道您启功何许人也！我为什么偏偏住在小乘巷附近，如果不住在那里，也就不认识您了。"

启老哈哈地笑起来。

"我如果不认识您，就没有我的今天。咱不说生意如何，没有您的帮助，我是写不出那本小册子的。二十多年了，我跟您学了很多东西，不只是书法，还有道德和做人。"

启老听我说得这么动情，连忙说："不能那么说，我没做什么，我只记得：您说用苘麻做笔，我说：'您用苘麻做笔，再好用，别人也说不好；您如果说用神仙毛做的，别人就说好。因为他们不明白，您要写点文章，把知识告诉他们。这话我到现在还记得。"

启老的记忆力真好，二十多年以前说的话，至今还记得。我紧接着说："日子过得真快啊，二十多年过去了，我不想在您面前再说些什么，我心里明白就行了。我只是告诉您一句话：2000年 4 月 21 日《烟台日报》登载了该报记者采写的文章说，一个制笔匠与艺术大师非同寻常的交往，改变了李兆志的人生走向。”

启老连忙说：“不敢当，不敢当，我可不敢当。”

“好了，咱俩不说别的了，我总想有个回报的机会。以前，我几次请您到我们农村去，您总是说忙，走不开。现在眼睛看东西模糊了，不能写东西了，趁现在身体还能走动，到我家去住几天，我和您一起登云峰山，看看郑道昭留下的宝碑。”

启老也真诚地说：“去不成了。去年去了一次扬州，扬州变化太大了，建设得很美。但是，眼睛不好，看不清楚了。再说，还有些事情要做。您是诚心诚意，我心里明白，谢谢您，谢谢您。”

启老又一次拒绝了我，我也没有再说什么。刚要站起来告辞，启老又对我说：“再待会儿。”然后慢慢地走进卧室，捧出《启功书画留影册》《启功三帖集》交给我，说：“这两本书送给您。”我连忙双手捧过来，又毫不客气地说：“您还要签字。”

“好，这就写。”这次题字，启老没有坐下写，而是站着，悬着胳臂写的，手臂一点都不颤抖。快90高龄的人了，站着悬臂写这么小的字，这是何等的基本功。如果不是亲眼所见，恐怕很难有人相信这个神话般的事实。

启老的眼睛的确是看不清楚。题《启功三帖集》的时候，“先”字的钩，因为纸太滑，没有写上墨，启老又重新写了一笔，两笔的位置没有完全吻合在一起。正如启老所说是模模糊糊的凭着感觉写字，可以想象到启老写字要克服多大的困难。

启老要签署日期的时候问我：“今天是17号吧？”

我也不知道今天是几号。我不喜欢17号，就对启老说：“签19号，我最喜欢9，我的生日是9月29。”

启老高兴地说："好！九，九，九！"启老签下"二〇〇一、六、十九日"。后来我查了一下，那天是 16 日。

我双手接过启老赐给的大作，心中不知道有多么高兴。启老又对我说："我刚才想了一首诗，您看一下。"启老那个神采，像是一个顽童向他的小伙伴展示自己心爱的玩具，充满了天真和稚气。说着，启老又取来一片小宣纸，在背面写下四句诗，写完，启老又读给我听，我迷惑地问："这是什么时候想的？"

启老像小学生回答老师的提问一样，笑眯眯地说："刚才在卫生间里。"听得此言，我也随之哈哈大笑。

时间已经过去两个多小时了，怕启老累着，我站起来对启老说："时间太长了，我得走了，您休息一会儿吧。"

看得出来，启老还是兴犹未尽，没有一丝倦意。看到我坚决要走，也没有再说什么，从椅子上站起来，拉着我的手，送到门口。我因为今天聊得时间太长了，实在不愿意再让启老送出门去，就抢先一步把保险门打开，又用手轻轻地往后推了一下启老，一步迈到了门外，随手把门关上。我担心启老再打开门，就站在门外没走。启老到底又把门打开，拉着我的手，送到楼梯口。我俩的双手紧紧地握了一会儿才松开。我开始下楼，启老站在那里没动。等我走到一楼，又举起双手和启老说："启老，您回去吧，我走了，再见。"启老才慢慢地回去了。

事情总是会在偶然中产生一些永远也解不开的谜。我这次在启老家里，和启老聊了两个多小时，是和启老相识二十五年里聊得时间最长的一次。启老送我到楼梯口，我俩是双手握了一会儿才松开的，当时也没有想到什么，只不过是聊得特别高兴，实在是恋恋不舍的无意之举。现在回想起来，这些无意之举，也是无意之中的不祥之兆，谁想到这是和启老的最后一次长聊，也是启老最后一次送我了。

　　当天下午，我拜见了冯其庸先生，现将那天见面时的谈话摘录如下：

　　冯老问："见过启老了吗？"我回答："今天上午见到了。一年多没看见启老了，启老一切很好。与前一年相比，没有什么大的变化。耳朵一点也不聋，说起话来，还是那样有板有眼。"冯老说："前些日子，我办书画展，启老也到场了。启老身体很好，头脑清醒，思路敏捷，一点也不像快九十岁的人。眼病经过这段时间的治疗，比以前也没有明显的加重。"

　　冯老稍微停了一下，又问："启老写字了吗？""我今天得宝了。"我从提包里小心翼翼地拿出启老赐给的两本书，又拿出传家宝，高兴地说："启老在我的习作上题诗了。"

　　冯老接过习作，慢慢地打开，说："噢，您的字写得不错啦，还真有启老的韵味。"冯老的夫人夏老师也凑过来说："真没想到兆志您写得这么好，学习启老的书体很有成就啊！""不好，不好！请您二老多多指教。"我被冯老和夏老夸得脸都发涨了。

　　冯老和夏老慢慢地读起来。大约过了五分钟，冯老指着习作说："好，好！你今天真是得宝了。启老不但给你题了字，更可宝贵的是用次韵的方式给你和诗，难得，太难得了。"冯老稍微停了一下，又说："和诗通常有限定和韵和不限定和韵两种方式，启老这是用你诗中的原字'长'和'芳'，又用这两个字的原韵，并且先后次序都必须相同给你和诗，这是最难的事情，启老真不愧是'大家'，出口成章，真让我们敬佩。"

　　冯老看了好长时间，简直舍不得放下。然后，冯老又翻看了启老赐我的两本书。冯老指着《启功书画留影册》中的山水画说："启老的山水画，真好！这样深厚的基本功，现在无人可比。"夏老师说："启老来看我们，也送给我们一册。"

永远的笑容

　　2002 年夏天，我和启老的一位亲戚通电话的时候，打听启老的身体情况，这位先生告诉我，启老的身体状况一直不太好，前些日子心脏病又犯了，住进了医院，病情还比较严重。经医院的全力医治，病情已经基本稳定，现在仍住在医院里。按人之常情，我应该去看看启老。但是，我知道，启老是"国宝"级的名人，不管是医院的医疗、护理，还是章先生和郑老师及其他亲属的照顾，都会全力以赴，无微不至地日夜守护在启老身边的。去看望启老的人更是不计其数，国家有关部门的领导，启老的同事、学生和朋友，还有像我这样，受到启老霖润的下层人，用"成灾"二字来形容也毫不为过，医院为了争取启老早日康复，肯定会严格控制探视时间和人数。我如果去医院，能否让我进入启老的病房还不敢说，即使让我进入病房，看看启老，说几句话，无非是多打扰一次启老，对启老的康复是有害无益。我把心里的想法告诉这位先生，他也是这样考虑的，所以他也没有去医院看望启老。我俩只有在电话里共同为启老祈祷，希望启老早日康复。后来，我和冯老也通电话，他告诉我，启老还住在医院里。

　　我不能给启老帮什么忙，唯一能做的事情是做毛笔。启老的病情得到控制，身体会慢慢恢复。不过，这么高龄的人了，生一次病，身体的各种机能就会像下楼梯一样，下一台阶，并且还在逐步地下降，不可能再恢复到原来的状况了。所以，我还需要再给启老研制一种毛笔，以适应启老现在的身体状况。我考虑笔头的直径大于 1 号青山白云，小于伟哉红楼；性能比伟哉红楼再柔润些。至于写出来的笔画力度，我就没必要再顾及了，还是那句话，只要启老用着舒服就行。毛笔做成以后，取名 1 号精品提笔，我喜欢这个名字，朴实无华。

2004 年 4 月 19 日我来到北京。朋友先前告诉我：启老已经回家了，身体状况还可以。晚上七点，我诚惶诚恐地给启老拨了电话。突然，电话里传来十分熟悉的略带沙哑的声音。我非常高兴，没想到是启老本人接电话，激动的没有及时应声。启老又"喂"了第二声，我才如梦方醒，大声说："启老您好，我是李兆志。"

"兆志，您好，我听出您的声音了。"启老时断时续缓慢地说。我一时语无伦次，不知道应该说什么，又说了一声："启老，您身体好吧!"启老说："近来身体不好，眼睛的黄斑真讨厌，已经看不清东西了，您给我做了那么多好笔，我却不能用了。""能用，能用，眼睛好了照样用。"我紧接着说："我在北京，我想去看看您。"启老满口答应，我俩约定，明天上午九点到。

我又准时来到启老家，上到二楼，照例轻轻地敲了两下门，没人开门。又敲了两下，还是没人应声。我下到一楼，一楼也有启老的书房，我又轻轻地敲了两下门。门开了，是章先生，章先生把我让进启老的书房。我一看启老，心里猛地抽搐了一下，老人家明显地变样了，头发更稀疏了，脸上的红润不见了，面色白皙中略显黄，最让人揪心的是过去的神采也不见了。

启老坐在椅子上，我走到启老跟前说："启老，您好！我是李兆志。""兆志先生，您好！对不起，我不能动，也看不清楚。您如果不说话，我不知道您是谁。"启老慢慢地说。我双手紧紧地握住启老的手。

书房里有三位客人，启老介绍说："那二位是吉林的某先生和某先生，这一位是某老，是我的街坊，住在前排。"

吉林的两位先生看到我来了，就和启老告辞了。启老街坊某老的名字，我在《北京晨报》上见过，该报记者撰文介绍了某老受启老的委托，指出北京某拍卖公司拍卖的署名"启功"的书法作品是赝品。我向某老请教赝品的拍卖情况，启老没听明白，问我俩在说什么，某老又和启老说了一遍，启老还是没听明白，也没反应过来。启老无奈地说："我现在是前一秒钟说的话也记不起来。"看来，启老的记忆确实有点模糊，我和某老也只好相视一笑。

启老照例问了我的生意情况和孩子就业情况，我都一一作答。更有趣的是启老还记得我哥哥在新华社工作。我哥曾经来启老家里取启老给拙作写的序言，这已经是 11 年前的事情了，启老对过去的事情仍然记得很清楚。

我从提包里拿出毛笔，对启老说："这是您最喜欢用的 2 号青山白云，这些较大的是 1 号精品提笔，是我最新做的，还特意加长了笔杆，您用来写大字，看得见。"

启老随手拿起一支毛笔说："这么好的毛笔，只是我不能用了，祖师爷不赏这碗饭吃了。"我怕说下去会引起启老的伤感，所以没等他说完，我马上打断话头说："现在不能写，先放在这里。放在这里，我心里高兴，以后眼睛好些了再用。""好！那就放在这里。"启老又慢慢地说："谢谢您，谢谢您！""下次我来还给您带毛笔。给您做毛笔、送毛笔，我心里舒服。"我笑着说。

启老笑了，笑得很开心，但是没有再说话。

茶几上放着三本书，某老取过一本交给启老。这是一本20世纪20年代出版的介绍北京风情的小册子，保存完好。启老拿起放大镜，看了好半天，艰难地辨认出书的名字。启老告诉某老，把这本书留下来看一下，其余两册放到里间去。

某老把书送到里间，回家了。章先生送出去，屋里只剩下启老和我。启老忽然兴奋起来，问我："您现在还坚持写字？"我告诉启老，只要有时间就拾起笔来写几个，随便写着玩。启老听了以后很高兴，说："写字要下功夫，一年两年学不好，要坚持写，只要坚持就行，没什么神秘，别唬人。过去，北京有个京剧名角，每天早晨都大声唱，叫'吊嗓子'。写字也是要坚持"。启老说起书法知识来脑子一点都不糊涂。

时间过去四十分钟了，看到启老说话吃力的样子，我不能再打扰启老，让启老多休息一会儿，就是对启老最大的崇敬和爱护。我站起来，和启老握手告辞，并且又特意笑着说："启老，过些日子我再来看您。下次来我还给您带毛笔。"

启老高兴地说："谢谢您又来看我，谢谢您！"接着又很无奈地说："我动不了，不能送您。"我紧紧握住启老的手好长时间没有松开，启老也用无力的双手紧紧地握着我的手，谁也没有再说话，多年的交往，彼此的感情已是心照不宣。

我慢慢地走到书房门口，停下来，回过头来再看看启老。启老微笑着望着我，我仿佛又看到启老白皙的脸上泛起了红润，两眼又眯成弯弯的缝，好像是一尊佛像，笑得那样开心，那样灿烂。我双手合拱举到胸前，朗声说道："启老再见，再见！"启老也微笑着对我点头示意，这是甜蜜的微笑，永远的笑容。

　　这是我第一次自己往外走，一向十分注意礼节，每次都必须把我送到楼梯口的启老，也实在是无能为力了，这更让我倍添伤感。

　　我刚刚迈出屋门，正好章先生送某老回来。章先生坚持要送我。章先生问我笔庄的生意情况，我说现在只给朋友做点高档毛笔，市场上销售的一般产品基本停产了。章先生安慰我说："年龄大了，不愿意再干，就不干了，休息一下，写写字。"他又轻声说："启老不能写字了。""启老不能写字了，我以后也还要来看看启老，看看心中高兴，不看心中难受。"

　　章先生没有再说什么，深深地点了点头。我也没有再说话。下了红六楼台阶，我没有再让章先生送我。

　　独自一人走过红六楼前面的花坛，又信步顺着熟悉的水泥路往前走，走到要向东拐弯的地方，不由自主地回过头来，又仔细地看了看红六楼西侧一楼和二楼窗户，那儿住着一位让我尊敬和牵挂的老人。

两世翰缘　一生恩师

2005 年 6 月 30 日上午十一时，朋友十分悲痛地告诉我：启老于今日凌晨两点仙逝。听到启老仙逝的消息，我心中十分难受，一时间百感交集。自去年四月廿日见到启老以后，我心里就有一种不安的预感，所以也经常向朋友打听启老的情况。秋天，朋友告诉我启老又住院了，病情比较严重。我俩也预感到这次入院恐怕凶多吉少。我俩约好等启老病情好转，一同去看望启老。后来，朋友几次给我打电话说，启老的病情始终未见好转，我也就一直没有去北京。

虽然对启老的不测早有思想准备，但真的知道了老人驾鹤西去的消息，还是难以接受这个现实，无法控制自己的感情。好容易等到晚上六点半，我拨通了启老家的电话，接电话的女士告诉我，章先生和郑老师都忙于启老的后事安排，没有在家。我又问及启老追悼会的安排，这位女士说正在研究，还没有做出决定。我请这位女士向章先生和郑老师转达我的问候，希望他们节哀，多多保重。

放下电话，躺在床上，眼前又出现微笑的启老，这一夜，我失眠了。自 1980 年 8 月到现在，已经 25 年，跨越两个世纪。这 25 年的经历，清晰在目，我又仔细地回味了一遍。

1980年8月，我为一个再普通、再单纯不过的目的，在一不知姓名，二不知身份，三不知地址的情况下，盲目地闯进小乘巷，认识了一位自称在北京师范大学教书的老师。

这一盲闯，谁料想结下了25年的情谊，谱写了一位农民笔工和一位书画艺术大师交往的传奇故事。

现在，包括新华社在内的一些新闻媒体的记者，觉得一个三十多岁的农村青年能和大名鼎鼎的启老相识，结成忘年交，并且持续时间长达25年，觉得不可思议，简直是个传奇故事。如今回想起来，的确有些不可思议，的确具有传奇色彩，所有这一切都是在"不知道"的情况下发生的，又都是巧合，这是我与启老今生今世的缘分啊。

当然，古往今来，书画家和笔工交往密切是很正常的，也是必要的。笔工离不开书画家，书画家离不开笔工，他们唇齿相依，鱼水情深。在王羲之的《笔经》、柳公权的《寄笔帖》中都能找到踪迹。近现代，书画家与笔工结成亲密朋友的例子更是数不胜数，例如齐白石、金北楼先生等名家都和李福寿先生过往密切。但是没有资料记载他们之间交往了多少年，做了些什么品种的毛笔，用什么品种的毛笔，写了哪些字，作了哪些画。而启老和一位农民笔工连续交往25年，写就了我国毛笔史上、书画史上的传奇故事。

我回想与启老相识的25年是甜蜜的、幸福的，更是受益匪浅的。感恩启老对我帮助怎样赞颂都不为过。《烟台日报》的记者撰文说，和启老的交往，改变了李兆志的人生走向。我想这样的评论，很好，很对！如果用我自己的话来总结，启老就是我在笔工这条路上奋勇前进的指路人和支持者。启老引导我走向高雅的文化之路，让我沿途饱览了文化之路上的明媚春光，使我受伤的心灵得到修补，使我的笔工之路丰富多彩，更把我的人生轨迹抹上了一点辉煌。启老是我人生道路中的一盏明灯，为我照亮了前进的路。

启老仙逝了，我还要像过去一样再次去拜见启老，我又应该带着什么去见他老人家呢？

启老一生爱好书画，可以说与笔墨相伴一生。自 1980 年以后二十多年里，启老自己说过爱用、会用的毛笔，是我给他制作的，"离开兆志的笔，我的字就写不好"。启老的夸奖是对我地鞭策和希望，当然也真实地说明了启老喜欢使用我做的毛笔。我坚信启老在天堂上，还会用我做的毛笔绘出五彩缤纷的画卷，写下气壮山河的华章！启老最常用的是青山白云系列毛笔，我决定依照家乡的传统习俗，挑选一对青山白云毛笔带到北京，敬献在启老面前。又苦苦思索了几天几夜，撰写了一副挽联来表达自己对启老的情谊。上联为"两世翰缘"，下联为"一生恩师"。

6 日上午九时，我照例又准时来到红六楼。走进大门，一楼的门开着。我轻轻地敲了一下，章先生迎了出来。章先生比去年瘦多了，一脸憔悴的样子。他握着我的手，一同走进启老的书房，这是我第三次走进启老一楼的书房。一切如旧，只是启老没有再坐在书案东侧的椅子上。启老在南窗的中央微笑地欢迎我："兆志先生，您好……当然可以。"此刻，启老在相框里。

章先生给我戴上黑纱，又在我的胸前戴上白花。我从提包里取出毛笔和挽联，用双手捧着毛笔高高地举过头顶呈给启老。又把挽联垂挂在书桌的前方，上端用毛笔压住。然后呆呆地立在启老面前，两眼凝视着启老慈祥的笑容，伤心无语。我肃立了片刻，感觉时间在此刻停滞了，天地间唯有启老和我的心在交流。

接着，我用家乡传统的最高礼仪给启老磕头，先笔直地站好两眼凝视着启老，弯下腰双手合拱着从膝盖慢慢向上举过头顶，然后两臂垂直双膝跪下给启老磕了头，站起来，再双手合拱从膝盖举过头顶。给启老磕完头，心情稍微缓和了些，我默默地念叨：启老，谢谢您，谢谢您！然后，转过身来请章先生给我拍下了启老与我的第二次合影。

离开红六楼，我又来到北师大为启老设置的灵堂。走进大厅，服务人员给我戴上黑纱和白花，并且告诉我楼上准备了文房四宝，可以写挽联。我走到楼上，用同样的格式，重新写下挽联，呈给启老。然后，我来到灵堂，面对着巨幅微笑慈祥的启老，我又双膝跪下给启老磕头。

7日上午八时，我来到京西的八宝山。第一告别堂外面，花圈摆了一层又一层，层层叠叠，密密麻麻。路边的大树之间系着绳子，绳子上挂满了挽联，一排又一排，数不清楚，看不过来。院子里、马路上挤满了人，有好多是和我一样从外地专程来北京看望启老的。我还碰见两位从烟台来的书法爱好者，他俩也都受过启老的指教。

首先进入告别堂的是国家和有关部门的领导，其次是启老的亲属，然后是社会各界人士。我和启老的亲属，第二批进入告别堂。

我缓步走到启老面前，只见启老的脸比过去稍微瘦了些，其他没有什么变化，闭着眼睛安详地躺在鲜花丛中。我们六人横列一排，他们都给启老行了鞠躬礼，我还是双膝跪下给启老磕头。然后又慢慢地从启老的脚部，绕着启老看了一圈，再一次，也是最后一次看看启老。我走到启老头部的时候，看到启老熟悉的面孔，安详的睡态，不由自主地停下来，又单独向启老深深地鞠躬。然后和章先生、郑老师握手，缓缓地走出告别堂。

启老终生忙忙碌碌，抓紧一分一秒的时间，教书育人、著书立说、写字作画。启老太累了，应该休息了，愿启老睡好！

八宝山，青山巍巍，白云朵朵。

后　记

　　2006 年 11 月初的一天，我接到一个陌生人的电话："我是杨璐，北京古籍出版社的总编辑……"原来，杨先生拜访王世襄先生论及书法与毛笔的关系时，王老强调了选择适手毛笔的重要，并且介绍了我为启老和王老等书画大家做毛笔的情况。职业的敏感使杨先生意识到：应该把我为启老等书画大家做毛笔的资料整理出版，为学习、研究启老书画艺术和毛笔的制作留下参考的资料，并可彰显启老等老一代书画大家业精德高的风尚。

　　天下就有这样不谋而合的事情。2005 年 7 月 7 日，我在北京八宝山和启老告别以后，就想把和启老相识 25 年的缘分，启老赐予的墨宝和我为启老制作毛笔的资料整理出来，拟定的题目竟和杨先生的命题一字不错。但是，悲痛使我没有勇气去触摸那些尘封的资料，是杨先生的火种点燃了我的勇气，尽管我的文笔笨拙。

　　我是怀着极其感恩之心动笔写的。和启老相识的前 8 年（1980 ~ 1988），我只保留了部分资料，没有文字记录；以后的五年，写下了简单的日记；自 1994 年，拙著《中国毛笔》出版以后，我就萌生了一个念头，每次拜见启老，我都写了详细的日记，如：1997年拜见启老，我写了两万多字的日记，现在只是整理一下，把一些"不方便"的地方删掉。坦率地说，删掉最多的是启老对我做的毛笔和书法习作的夸奖，因为那些是启老对我的鼓励和鞭策。所以，我敢承诺：我的回忆录是真实的。当然，这毕竟是我的回忆，是以我的笔写启老。如有错漏之处，本着文责自负的原则，请启老和读者原谅我的笔拙。

在一年半的日夜里，我数不清多少次泪洒稿纸，写出了初稿。让女儿李日强对稿子进行了修改。然后，我把文稿寄给了章景怀先生，请他和郑喆老师斧正并作序。他们于百忙中仔细审阅了文稿，提出了补充意见并写了序，为拙文增辉。

2008年10月，我揣着文稿来到北京，请杨璐先生指正，并有幸得见启老的学生——文物出版社苏士澍社长和孙霞女士。由于他们的鼎力相助，拙作终于得以出版，我一并深表谢意。

我还要申明两点：一、拙作所述只是我为启老做的毛笔，这些毛笔还不足启老一生所用毛笔的千分之一、万分之一，我绝不会贪天功为己有。二、拙作虽不成器，然未必没有抄袭者，我只有奉劝抄袭者笔下留德。我这样说并非空穴来风，近读某学术权威部门专家汇编的文房四宝全集前言"论文"，其中几乎一字不差地抄袭了拙作《中国毛笔》的章节。我没有能力去打笔墨官司，只好借用启老在《启功丛稿》前言中的一段话宣示：昔郑板桥自叙其诗钞有言："死后如有托翻版，将平日无聊应酬之作，改窜烂入，吾必为厉鬼，以击其脑。"

我怀着十分幸运的心情于除夕前三日返回莱州。除夕夜，接连收到杨璐先生的贺信和赠诗。我苦于不通韵律，胡乱凑合了几句奉复。附于下面：

杨璐《寄友人》

一霎年将尽，此宵珍若珪。
诗成犹漫笔，露晓尚燃藜。
风雪思云峰，烟花梦竹西。
人生多挚友，历历惜鸿泥！

李兆志《答友人·记杨璐》

一霎新春至，夕夜思晋齐。[①]
瓜园读风雪，漆窑待旦曦。
诗笔万里纵，翰墨百年余。
二握彤管奋，骥蹄掩鸿泥！

李兆志
2009 年元宵节于莱州

---

① 杨璐先生祖籍山东，曾在陕北插队。